4차
산업혁명
이라는
유령

4차
산업혁명
이라는
유령

우리는 왜
4차 산업혁명에
열광하는가

홍성욱 기획
김소영, 김우재, 김태호, 남궁석, 홍기빈, 홍성욱 지음

Humanist

4차 산업혁명이라는 신기루

"하나의 유령이 대한민국에 떠돌고 있다. 4차 산업혁명이라는 유령. 대한민국의 모든 세력들, 즉 대기업과 중소기업, 정치인과 관료와 학계, 과학기술자와 인문학자는 이 유령을 자기편으로 하려는 신성한 제식을 위해 동맹을 맺었다."

—반反4차산업혁명 메니페스토

4차 산업혁명이라는 실체 모호한 유령이 대한민국을 휘어잡고 있다. 실체가 모호하지만 사람들의 영혼을 빼먹는 힘이 있기 때문에 진짜 유령과 흡사하다. 이 유행어는 역대 정권이 내걸었던 어떤 구호보다도 더 강하고, 깊고, 은밀한 힘을 발휘하고 있다.

4차 산업혁명은 외국발 유행어이다. 세계경제포럼의 창립자 클라우스 슈밥이 2016년 1월에 열린 다보스포럼의 주제로 내걸었던 개념이다. 그런데, 정말 놀랍게도, 전 세계를 통틀어 유독 우리나라에서만 4차 산업혁명이 광풍을 일으켰다. 외국발 유행어였지만 토속 신앙과 공명했기 때문이다. 그것은 '한강의 기적'을 재현하는 꿈이다. 4차 산업혁명의 핵심기술을 남보다 더 빨리 발전시켜서 국가경제를 부흥시켜보자는 21세기의 꿈이다. 그런데 어쩌나. 그 핵심 기술이라는 것들이 지금 제일 잘 나가는 선진국의 기업과 대학에서 이미 오래 전에 발전시킨 것들인데.

우리에게 4차 산업혁명은 단축키다. 욕심쟁이 소년이 선두를 추월하겠다는 일념에 가로지르려는 지름길이다. 그런데 우리가 생각한 지름길은 이미 선두가 묵묵히 개척했던 길이다. 이런 역사를 망각하면서 4차 산업혁명은 신기루가 된다. 4차 산업혁명을 통해 선진국이 되겠다, 심지어 4차 산업혁명을 통해 과거 네덜란드나 영국 같은 패권국이 되겠다는 비전이 속출한다. 인공지능 같은 신기술이 모든 것을 해결해줄 수 있다는 맹목적인 집착의 이면에서 기초체력은 약해지고, 사회적 정의는 실종되며, 자원은 불평등하게 분배된다. '한탕'을 바라는 탐욕의 눈빛만이 여기저기에서 번득인다.

미래 전망은 그리 밝지 않다. 이 서문을 쓰는 시간에도 기초과학연구에 배정된 연구비가 800억 원 삭감되었다는 우울한 뉴스가 전해진다. 기초체력 없이 장거리를 뛰려는 셈이다. 반면에 인공지능, 사물인터넷, 빅데이터, 자율주행자동차 같은 4차 산업혁명의 핵심 기술 분야는 급격히 성장하고 있다. 급격하게 성장을 해도, 선진국을 따라잡아 선두에 서는 것은 사실 요원하다. 정권이 바뀌면 아마 다른 구호가 등장할 것이다. 어쩌면 정권이 바뀌기 전에 다른 구호가 등장할 가능성도 크다.

이 책은 4차 산업혁명에 대한 비판서이다. 책이 기획된 것은 2017년 8월 22일에 열린 한국과학기술한림원의 원탁토론회에서 홍성욱이 4차 산업혁명을 비판하는 논문을 발표하고 김소영이 이에 대해 토론을 하면서였다. 둘은 비판서를 만들어보자는 데에 의견 일치를 보았다. 이후 이런 문제의식을 공유하는 김우재, 김태호, 남궁석, 홍기빈과 함께 이 책을 준비하기에 이르렀다. 김소영(1장)과 홍성욱(2장)은 지금 유행하는 4차 산업혁명론의 실상과 그 문제점을 깊숙하게 파헤친다. 김태호(3장)와 홍성욱(6장)은 4차 산업혁명에 대한 집착을 60~70년대 이후의 한국 과학기술사의 맥락 속에서 이해한다. 홍기빈(4장)은 경제학자로서 초연결성이라는 지금 진행되는 변화의 본질에 주목해야 함을 주장하며, 남궁석(5장)과 김우재(7장)는 불확실한 변화의 시대에 더 중요해지는 것이 기초과학과 기초연구라는 점을 역설한다. 비판으로 시작했지만, 책은 이렇게 대안을 제시하면서 마무리된다.

이 책은 4차 산업혁명에 대한 천편일률적인 담론이 아닌, 비판적이고 대안적인 관점을 접해보고 싶은 독자들을 위해서 준비되었다. 애정 어린 질정을 바란다.

2017년 12월

홍성욱

차례

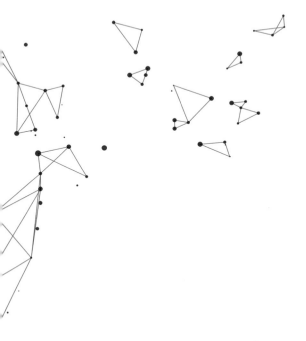

1장

4차 산업혁명,
실체는 무엇인가?

한국의 4차 산업혁명론이 낳은
사회문화 현상에 대한 분석과 비판

김소영 | 한국과학기술원(KAIST) 과학기술정책대학원 원장

안다는 것과 존재한다는 것

상대성이론만큼이나 잘 알려진 아인슈타인의 격언이 있다. "어떤 것을 안다고 할 때 할머니에게 설명할 수 있기 전까지는 제대로 이해한 것이 아니다." 여기에는 두 가지 뜻이 있다. 하나는 할머니가 알아들을 수 있을 정도로 쉽게 설명할 수 있어야 한다는 것이고, 다른 하나는 쉽게 설명하거나 말거나 일단 그 "어떤 것"이 실제로 존재해야 한다는 것이다. 아인슈타인의 말에 따른다면 4차 산업혁명 역시 그것이 무엇인지 제대로 이해하기 전에는 할머니에게 설명해서는 안 될 터이다. 어쩌면 할머니는 평생 4차 산업혁명을 이해하지 못할지도 모른다.

정부의 4차 산업혁명 주장을 비판하는 사람들에게 4차 산업혁명은 그 자체가 허상일 뿐 아니라 역사적·사실적 오류로 점철된 대단히 문제가 많은 용어다. 그러니까 4차 산업혁명을 쉬운 수준으로 설명하기 전에, 그 자체가 존재하지 않는다는 것이다. 반면 4차 산업혁명을 주창하거나 옹호하는 사람이나 디지털 원주민digial native으로 태어나는 아이들과 디지털 이주민digital immigrant이 되어버린 중년·노년 세대에게 디지털 세계의 물리적 확장이라는 점에서 4차 산업혁명은 명약관화한 변화로 다가온다.

이 글에서는 먼저 4차 산업혁명에 대한 '비판'을 허상론, 오류론, 결정론이라는 세 가지 측면에서 살펴볼 것이다. 그러고 나서 실체가 불분명함에도 한국 사회에서 들불처럼 번지고 있는 4차 산업혁명론에 우리가 주목해야 하는 이유를 제시할 것이다.

4차 산업혁명은 허상인가?

4차 산업혁명론에 대한 비판적인 시각에서 가장 큰 흐름을 차지하는
것은 4차 산업혁명이 실체가 없는 유행어[buzzword]에 불과하다는 것이다.
2017년 1월《한겨레》신년 기획 시리즈〈'직업 없는 미래'의 노동과 기
업〉을 보자. 기사에서는 3차 산업혁명 운운한 지 두어 해도 지나지 않아
4차를 거론하는 것 자체가 코미디라며 꼬집었다. 이어《제3차 산업혁명
The Third Industrial Revolution》의 저자 제러미 리프킨[Jeremy Rifkin]을 초청한 이명
박 대통령,《제4차 산업혁명 The Fourth Industrial Revolution》이 출간되자마자 저
자 클라우스 슈밥[Klaus Schwab]을 초청한 박근혜 대통령에 이어 다음 대통
령은 '제5차 산업혁명'의 저자를 만나야 하지 않을까 비꼬기도 했다.●

〈글로벌 디지털 세상에서 일하기〉라는 블로그를 운영하는 '시민케이'
는 최근 한국에서 열풍이 일고 있는 4차 산업혁명은 박근혜 정부의 창
조경제 프레임이 붕괴한 이후 그다음을 찾아야 하는 정부 부처와 노동
부담을 줄이고 수익을 올려야하는 기업, 새로운 얘깃거리를 찾는 미디
어의 수요가 결합된 인위적인 용어라고 비판했다.◆

새 정부가 출범하기 직전 서울대학교 언론정보학과 이준웅 교수는 어
느 칼럼에서 4차 산업혁명이 소통학자 카우퍼와 칼리가 말하는 '플레이
스홀더[Placeholder]'에 해당한다고 지적하였다. 플레이스홀더란 많은 걸 지
칭하지만 그에 대한 합의 수준은 낮은 상징적 기호를 이르는 표현이다.
4차 산업혁명을 말하는 많은 사람들이 같은 용어를 쓰지만 실제로는
다른 의미 혹은 다른 속내를 가지고 있다는 비유였다.▲

● 강인규,〈신앙이 된 '4차 산업혁명', 여러분 믿습니까?〉,
《오마이뉴스》(2017년 1월 31일).

◆ 시민케이,〈4차 산업혁명은 없다〉,
https://brunch.co.kr/@playfulheart/58(2017년 3월 9일).

▲ 이준웅,〈4차 산업혁명 구호는 버려야〉,《경향신문》(2017년 5월 7일).

 이처럼 4차 산업혁명이 실체가 없는 허상이라는 비판은 무엇보다 한국에서만 유행하는 기이한 현상이라는 점에서 설득력을 지닌다. 이는 4차 산업혁명이라는 단어 자체의 간단한 빅데이터만 검색해봐도 분명히 드러난다. 실제로 그림 1에서 극명히 드러나듯이 4차 산업혁명에 대해서는 유독 한국만 난리법석을 떨고 있다.《뉴욕타임스》의 칼럼니스트 토머스 프리드먼Thomas Friedman은 4차 산업혁명이란 용어를 처음 듣는다고 하는가 하면, 저명한 로봇공학자 데니스 홍Dennis Hong 캘리포니아대학교 로스앤젤레스 캠퍼스 교수는 실리콘밸리에서는 그런 단어를 쓰지 않는다고도 했다. 분명 해외에서는 큰 관심을 끄는 용어가 아닌 게 분명하다.

 4차 산업혁명 '허상론'이라 이름 붙일 수 있는 이러한 비판적 논의에 대해서는 두 가지 반론이 제기될 수 있다. 첫째, 4차 산업혁명이 실체가 없는 유행어라고 하더라도 유행어는 분명 실체를 만들어낼 수 있다는

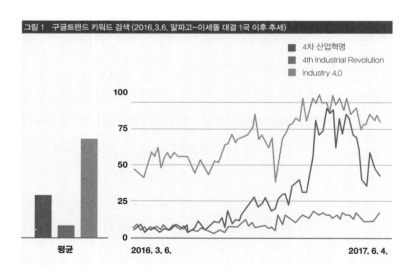

그림 1 구글트렌드 키워드 검색 (2016.3.6. 알파고–이세돌 대결 1국 이후 추세)

4차 산업혁명, 실체는 무엇인가?

것이다. 이미 우리는 혁신(노무현), 녹색성장(이명박), 창조경제(박근혜) 등 5년 단임 대통령제 아래서 국정 기조를 하나의 구호로 이끌어간 정부들을 통해 유행어가 수억에서 수천억 원대에 이르는 정부 사업으로 구현되는 실체화를 경험했다.•

　2017년 4월, 갑자기 치러진 대통령 선거에서도 다섯 개 주요 정당이 4차 산업혁명을 키워드로 내세우고 구체적인 전략을 제시했다. 4차 산

표 1　주요 대선 후보의 4차 산업혁명 관련 정책 공약

문재인	중소기업청을 중소벤처기업부로 승격 대통령 직속 4차 산업혁명 위원회 설립 포지티브 방식의 규제를 네거티브 방식으로 전환해 규제 완화 소프트웨어 영재 1만 명 이상 육성 정부 주도 4차 산업혁명
안철수	중소기업청을 중소기업부로 승격 학제 개편 통해 4차 산업혁명 인재 육성 중·고교 학습 커리큘럼에 창업 관련 내용 반영 스마트팩토리 전문 특성화고, 스마트화 컨설팅 전문대학원 운영 민관 공동으로 참여하는 국가 기술융합센터 설립 민간 주도 4차 산업혁명
홍준표	중소기업청을 중소기업부로 승격 창업 투자펀드 20조 원 조성 대통령 직속 미래전략위원회, 청년고용촉진위원회 등 설치 새만금에 4차 산업혁명 전진기지 설립해 새로운 프리존 개발 추진 4차 산업혁명에 따른 서민 일자리 소멸에 대한 대책 준비
심상정	중소기업청을 중소기업상공인부로 승격 생태혁신 미래산업 주도 4차 산업혁명 성과가 소수에만 돌아가지 않도록 노력 4차 산업혁명 통해 노동 시간 단축, 실업 대비책 강화, 기본소득제 등 도입
유승민	중소기업청을 창업중소기업부로 승격 중·고등 교육 과정에 창업 관련 교육 포함 네거티브 방식으로 규제 완화, 규제 개혁은 총리가 아닌 대통령이 직접 담당 창업 후 실패해도 패자부활 가능하도록 안정망 마련

출처 | 〈대선캠프와의 과학정책대화〉 자료집, 2017년 4월 25일

● 2015년 말 국회 미래창조과학방송통신위원회에 보고된 박근혜 정부 3년간 창조경제 관련 사업 비용은 21조 5615억 원으로 이명박 정부 4대강 사업 22조 원에 육박하는 규모다.

업혁명 허상론은 공허한 비판에 머물 위험이 있다. 4차 산업혁명이 아무거나 담는 플레이스홀더가 아니라 무엇이든 담을 수 있는 플레이스홀더이기 때문이다. 특히 이명박 정부의 녹색성장은 그나마 색깔이라도 분명해 감이 왔지만, 박근혜 정부의 창조경제는 완전히 뜬구름 잡는 것이었다. 아직도 그게 뭔지 모르겠다고 비판하는 언론의 일부는 정작 이전 정부 시절 녹색성장, 창조경제로 만들어진 수많은 사업과 시책의 혜택을 받은 당사자들이다. •

둘째, 4차 산업혁명에 대해 유독 한국에서만 법석을 떨고 있으니 문제라는 비판은 추격주의catch-up적 사고방식일 수 있다. 무서운 속도로 선진국 기술을 모방해 30년 만에 최빈국에서 세계 10위권 경제 대국으로 성장한 과거가 지금은 성공의 저주로 돌아왔다. 추격형 심성을 벗어나기 위해 선도형 연구개발Research & Development(R&D)을 위한 창의적 도전을 진작하는 온갖 혁신안이 넘치고 있지만, 1990년대 후반 탈추격post-catch-up 성장을 이야기한 지도 이제 20여 년이 되어간다.

선진국에서는 4차 산업혁명 얘기가 없는데 우리만 떠들고 있다는 것은 반대로 선진국에서는 이런저런 좋은 것이 있는데 우리만 없다는 것과 동일한 추격형 논리 구조다.

어디에 오류가 있는가?

허구론에서 나아가 4차 산업혁명에 대한 본격적인 비판적 성찰은 그 용어를 구성하는 세 가지 단어, 즉 '4차', '산업', '혁명'을 중심으로 이루어질 수 있다. 첫째, 정말 '3차'가 아닌 '4차'인가? 둘째, 이것이 정치나 문화 혁명이 아닌 '산업' 혁명인가? 셋째, 정말 이게 점진적 발전이나 진화가 아닌 '혁명'인가?

첫 번째 질문에 대해서는 아니라는 답이 많다. 앞서 언급한 제러미 리프킨은 2016년 다보스 포럼 직후 4차 산업혁명은 자신이 2011년 출판한 《제3차 산업혁명》에서 포착한 디지털 기술 혁신이 가져오는 거대한 변화의 연장선에 불과하다고 비판했다. 사실 거시적 경제 변환에 대한 단계론적 구분은 15~25년 주기의 쿠즈네츠 파동$^{Kuznet\ cycle}$이나 45~65년 주기의 콘드라티예프 파동$^{Kondratiev\ wave}$ 등 경제사학자들의 단골 이론이다.

더 근본적으로는 1차, 2차 산업혁명과 달리 2000년대 들어 회자되기 시작한 3차, 4차 산업혁명은 워낙 현재 시점이기에 역사적 성찰과 회고적 평가가 불가능한 일종의 작업가설이거나● 미래 전망 담론에 불과하다는 지적이 있다.

두 번째 질문에 대한 답 역시 부정적이다. 역사를 돌아볼 때 어떤 산업혁명도 순수하게 산업만의 혁명적 변화에 머무르지 않았기 때문이다. 만약 4차 산업혁명이 정말 산업혁명이 되려면 그 구상의 모태가 되었던 독일의 제조업 혁신 이니셔티브인 인더스트리 4.0을 넘어서야 할 것이다. 심지어 인더스트리 4.0 역시 초창기에는 제조업에 스마트 기술을 결합하는 수준이었다면 지금은 사회적·제도적·정책적 혁신까지 포함하고 있다고 한다.

4차 산업혁명의 진원지라 할 수 있는 독일에서 인더스트리 4.0이 전개되는 과정을 직접 목도한 한국개발연구원 김인숙 연구위원은 독일의 4차 산업혁명이 디지털 전환 그 자체에 목적이 있는 게 아니라고 지적한

● 송성수, 〈역사에서 배우는 산업혁명론: 제4차 산업혁명과 관련하여〉, 《STEPI Insight》, vol. 207(2017년 2월 1일).

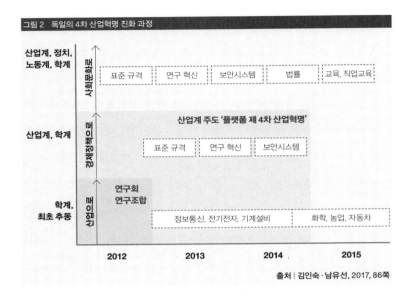

그림 2 독일의 4차 산업혁명 진화 과정

산업계, 정치,
노동계, 학계 — 사회문화적으로

| 표준 규격 | 연구 혁신 | 보안시스템 | 법률 | 교육, 직업교육 |

산업계, 학계 — 경제정책적으로

산업계 주도 '플랫폼 제 4차 산업혁명'

| 표준 규격 | 연구 혁신 | 보안시스템 |

학계,
최초 추동 — 산업적으로

연구회
연구조합

| 정보통신, 전기전자, 기계설비 | 화학, 농업, 자동차 |

2012   2013   2014   2015

출처 | 김인숙·남유선, 2017, 86쪽

다. 인더스트리 4.0의 기반인 스마트 팩토리smart factory의 혁신성은 수많은 기업과 사업장, 고객이 각각의 필요에 따라 공동 생산의 가능성을 실험하고 유연한 생산 방식을 공유하는 데 있으며, 여기에는 시스템 구축과 정책 및 제도의 유연성이 가장 필수적인 요소임을 강조한다.◆

　세 번째 질문에 대한 답 역시 부정적이다. 인구의 90퍼센트가 농업에 종사하다 그 90퍼센트가 산업(공업)에 종사하게 되는 영국발 1차 산업혁명만큼 역사적으로 거대한 전환을 가져온 변화는 없다.◆ 그러나 1차 산업혁명의 충격이 과장되었다는 주장도 만만치 않다. 19세기 말에도 동유럽과 남유럽은 여전히 농업사회로 남아 있었고, 변화의 속도 역시 과장되었다. 산업혁명의 발상지인 영국에서조차 우리가 지금 상상하는 것처럼 하루아침에 변화가 몰려온 것이 아니라 수십 년에 걸쳐 점진적으로 다가왔다는 것이다.

● 김인숙·남유선, 《4차 산업혁명, 새로운 미래의 물결》(호이테북스, 2017년).

◆ 홍성욱, 〈4차 산업혁명론에 대한 비판〉, 한림원 원탁토론회(2017년 8월 22일).

기술이 모든 것을 결정하는가?

4차 산업혁명에 대한 또 다른 비판적 시각은 4차 산업혁명 주창자들이 4차 산업혁명으로 지칭하는 거대한 변화가 궁극적으로 인공지능, 로봇/드론, 사물인터넷Internet of Things(IoT), 가상/증강현실, 자율주행자동차, 블록체인 등 기술의 급격한 발전에 따른 필연적인 결과로 보고 있다는 점에서 기술결정주의에 사로잡혀 있다는 것이다.

나아가 4차 산업혁명의 도래를 필연적 미래, 심지어 이미 도래한 것으로 보는 관점 역시 결정론적 시각이다. 대표적으로 레노버Lenovo에서는 IT라는 단어가 더 이상 정보기술information technology을 지칭하는 것이 아니라 지능적 전환intelligent transformation을 지칭하는 것이라면서, 생활 곳곳에 스며든 디지털 기술로 가상과 실재가 결합되고 모든 사물과 정보가 연결되는 4차 산업혁명 시대는 다가올 미래이자 얼리어답터에게는 이미 현실이 되었음을 영상으로 보여주었다. 이처럼 4차 산업혁명이 불가역적이고 대안적 상상과 가능성이 봉쇄된 이미 확정된 미래로 그려지면서 기술결정론이 더 심화되는 효과를 낳고 있다.

이처럼 4차 산업혁명을 부정하는 시각에 대한 다양한 비판에도 현재 한국 사회에서 (적어도 미디어에서는 불같이 번져나가는) 4차 산업혁명(론)을 다시 살펴봐야 하는 이유는 그것이 작금의 한국 사회가 맞닥뜨린 현실을 투사하는 일종의 '현상'이자 '담론'이기 때문이다.

현상으로서의 4차 산업혁명

4차 산업혁명이 실재하든 실재하지 않든, 또 그 실체가 무엇이든 그 용어를 둘러싸고 온갖 사회적 행위자들이 무언가를 떠들고 사업이나 행사를 벌인다는 것 자체가 하나의 현상이다. 2017년 6월 한 달 동안 4차 산업혁명을 주제로 포럼, 세미나, 공청회 등 거의 매일 한 건의 행사가 열렸다. 주목할 것은 기업, 연구소, NGO 등 행사 주체가 다양하고, 환경 정책, 미디어, 물류 혁신, 지역 경제, 관광 산업, 건설 산업, 연구개발 등 주제도 광범위하다는 점이다.

표 2 　 4차 산업혁명 관련 각종 행사(2017년 6월)

경향신문	6월 28일	경향포럼 (4차 산업혁명 – 새로운 기회, 새로운 도전)
한국언론진흥재단	6월 23일	4차 산업혁명과 뉴스미디어– 한중일 3국 사례
한국소비자원	6월 23일	제4차 산업혁명과 소비자 정책의 미래
건강보험심사평가원	6월 23일	보건의료 빅데이터, 4차 산업의 성장을 이끌다 세미나 (스마트테크쇼)
한국에스리	6월 22일	공간데이터 기반의 4차 산업혁명 세미나
기후변화센터/ 한국법제연구원	6월 22일	4차 산업혁명 시대의 지속가능한 발전 전략
대한건설정책연구원	6월 22일	4차 산업혁명과 건설산업 대응 전략 세미나
매일경제/MBN	6월 21일	스마트테크쇼 / 4차 산업혁명 & Homo Sapiens 2.0
스카이드론협회	6월 20일	4차 산업혁명 & 비즈니스 빅뱅
엠로	6월 20일	인더스트리 4.0 &인공지능 시대, 구매의 역할을 재조명하다
한국은행 울산본부/UNIST	6월 19일	4차 산업혁명과 울산 경제의 대응 전략
대한상공회의소	6월 16일	4차 산업혁명 시대 IoT 기반 유통·물류 혁신 전략 세미나

이데일리	6월 12~13일	제8회 세계전략포럼 – 제4의 길: 융합과 연결을 넘어
국가과학기술연구회/ 경제·인문사회연구회	6월 12일	빅데이터로 본 4차 산업혁명과 삶의 질 향상
미래창조과학부	6월 09일	4차 산업혁명 시대 R&D, 어떤 그릇에 무엇을 담을까?
창원시정연구원/ 한국지역경제학회	6월 08일	4차 산업혁명과 도시경제 활성화
대전광역시	6월 07일	제4차 산업혁명과 미래 환경정책
고려대 미디어산업연구센터	6월 07/14일	4차 산업혁명과 새 정부의 역할
국제관광인포럼	6월 02일	2017 한국국제관광 세미나 '4차 산업혁명과 관광산업의 미래'
한국경제신문사	6월 01일	STRONG KOREA 포럼 (4차 산업혁명은 기초과학부터)

　　그뿐 아니라 4차 산업혁명에 대한 책도 급격히 증가하고 있다. 2016년
에는 몇 종에 불과하던 관련 서적이 2017년을 지나면서 수십 종으로 늘
었다. 재미있는 것은 책의 전반적인 기조다. 처음에는 세계경제포럼 클
라우스 슈밥 회장의 4차 산업혁명 번역서를 비롯해 4차 산업혁명이 무
엇인지, 즉 'what'을 다루는 책이 주종을 이루었다. 다음에는 다가오는
4차 산업혁명 시대를 위해서 무엇을 해야 하고 어떻게 준비해야 하는지
를 다루는 'for'를 중심으로 한 책이 등장했다. 최근에는 분야나 주제
를 막론하고 4차 산업혁명과 어떻게든 연계를 짓는, 즉 4차 산업혁명을
'and'로 연결하는 서적이 홍수를 이루고 있다. 심지어《4차 산업혁명과
북한》,《4차 산업혁명과 기독교 세계관》 등 상상력을 동원하지 않으면
연결하기 어려운 주제까지 섞이고 있다. 급기야 편의점 즉석 라면 조리
기까지 인공지능 라면 제조기로 탈바꿈했다. 이처럼 알파고와 이세돌의
바둑 대결 후 인공지능을 필두로 한 4차 산업혁명은 한국 사회에서 그
자체로 하나의 현상이자 분석을 요구하는 대상이 되었다.

담론으로서의 4차 산업혁명

한편, 4차 산업혁명은 여러 차원의 '담론'으로도 확장되고 있다. 이전 1, 2, 3차 산업혁명은 우리나라가 선진국의 뒤를 따랐지만, 4차 산업혁명은 태동기인데다 우리가 강점을 지닌 정보통신기술Information and Communication Technology(ICT)을 기반으로 하였기에 잘만 활용하면 세계를 선도할 수 있는 최적의 기회가 된다는 것이다.

2016년 막대한 투자 규모에도 졸속 기획이라는 비판을 면치 못한 국가 전략 프로젝트를 비롯해◆ 기초 연구 사업에서도 전략 분야로 인공지능 등 4차 산업혁명 기술이 속속 선정되고 있다. 여러 부처 및 산하 전문기관에서도 비슷한 과제를 하루가 멀다하고 공고하고 있다. 과제제안요청서(RFP)에도, 연구제안서에도 4차 산업혁명이 맨 앞단의 연구 배경이나 필요성 혹은 맨 뒷단의 기대효과/파급효과를 장식하는 매우 쓸모 있는 수사구가 되고 있다.

이와 관련하여 4차 산업혁명 논의는 추격형 멘털리티를 더욱 강화하는 담론으로도 작용하고 있다. 가장 대표적으로 2016년 세계경제포럼과 글로벌 금융 기업인 UBS에서 발표한 4차 산업혁명 준비 지수 결과를 들먹이는 것인데, 이 보고서에서 우리나라가 45개 비교 대상 국가 중 25위에 랭크되면서 4차 산업혁명이라는 대세에서 뒤처진다는 위기감을 부추기고 있다.◆

2016년 9월《문화일보》가 실시한 설문조사의 결과는 4차 산업혁명 관련 기술 선진국을 100으로 할 때 우리나라의 준비 수준은 65.9점으로

● 알파고 충격 직후 4차 산업혁명 시대를 대비하는 일환으로 2016년 5월 1차 과학기술 전략회의에서는 국가프로젝트 추진을 결정하고 8월 2차 회의에서 성장 동력 확보와 삶의 질 향상 두 개 분야 아홉 개 프로젝트를 선정해 약 1조 6000억 원을 투입하기로 결정했다. 그러나 아홉 개 과제 중 자율주행차, 경량소재, 신약 개발의 세 개 과제는 재기획 판정을 받았고, 여섯 개만이 예비타당성심사를 통과함에 따라 2017년 총 455억 원의 예산으로 진행 중이다.

그림 3 국가전략프로젝트 로드맵

	2016 2017 2018 2019 2020 2021 2022 2023 2024 2025 2026 2027 2028

성장동력 확보

자율주행차
8대 핵심부품 개발 자율주행차 → 융합신기술 → 자율주행차 융합서비스 실증 →

경량소재
차체용 경량소재 합금기술 → 항공용 소재 원천기술 경량소재 양산기술 →

스마트시티
인프라 연계 시스템 설계 → 개방형 운영 체계 구축 국내 실증도시 2개 구축 지능형 의사결정 시스템 개발 및 해외진출 확대

인공지능(AI)
언어·시각 인식 기술 → 언어·시각 통합 기능 AI 추론 의사결정 AI →

가상/증강 현실(VR-AR)
디지털 교과서, 평창올림픽 서비스 → 휴먼펙터 기술 확보 민간주도 콘텐츠 융합서비스 →

삶의 질 향상

정밀의료
정밀의료 통합정보 시스템 → 정밀의료 코호트 구축 / 3대 암 정밀의료 시범 서비스

신약개발
신약후보물질 50개 이상 확보 → 신약후보물질 100개 이상 확보 및 글로벌 신약 3개 이상 확보

탄소자원화
부생가스 전환 및 이산탄소 광물화 실증 플랜트 공정 최적화 해외 기술 이전 모델 개발 글로벌 신약 10개 이상 창출

미세먼지
생성원인 과학적 규명·저감 기술 → 대형 사업장 실증 →

출처 | 2차 과학기술 전략회의, 2016년 8월 10일

평가되는 것으로 나타났다. 이 조사에는 국내 30대 기업, 20개 스타트업, 한국연구재단 이달의과학자상 수상자 20명, 기타 교수/연구원, 총 100명 전문가가 참여하였다. 이러한 조사 결과는 과학기술기본법에 근거해 2년마다 실시하는 과학기술수준평가에서 2014년 4차 산업혁명 관련 기술에 대해 전문가들이 대체로 75~84퍼센트로 답한 것과 큰 차이를 보인다.

◆ World Economic Forum/UBS, "Extreme automation and connectivity: The global, regional, and investment implications of the Fourth Industrial Revolution"(White Paper, 2016). 그 외에도 산업연구원에서 2017년 4월 16개 업종 전문가를 조사한 결과에 따르면 선진국과 대비한 4차 산업혁명 대비 국내 기업 대응 수준은 제조–공정 분야는 80점 이상으로 뛰어나지만 브랜드-디자인 분야는 70점대로 준비가 부족한 것으로 평가한다.

주목할 것은 이 조사가 4차 산업혁명이라는 용어가 유행하기 전에 이루어진 조사라는 점이다. 즉 4차 산업혁명이라는 단어가 유행하기 전인 2016년 그 기반을 이루는 기술의 준비 수준은 평균 80퍼센트 정도로 평

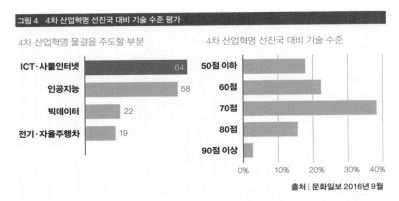

그림 4 4차 산업혁명 선진국 대비 기술 수준 평가

4차 산업혁명 물결을 주도할 부분

ICT·사물인터넷	64
인공지능	58
빅데이터	22
전기·자율주행차	19

4차 산업혁명 선진국 대비 기술 수준

50점 이하	
60점	
70점	
80점	
90점 이상	

0%   10%   20%   30%   40%

출처 | 문화일보 2016년 9월

그림 5 2014년 과학기술수준평가 중 4차 산업혁명 관련 부분

미국 대비 한국의 ICT 융합 분야 기술 격차

인지컴퓨팅	−6.0년
지능형 사물인터넷	−4.2년
지능형 로봇	−4.2년
빅데이터	−3.7년
스마트 자동차	−3.7년
기계학습 및 딥러닝	−3.0년

출처 | 미래창조과학부, 정보통신기술진흥센터

4차 산업혁명 관련 우리나라 기술 수준

산업 분야	기술 수준(%)	기술 격차(년)
지능형 반도체	83.8	3.1
웨어러블 디바이스	82.5	2.9
스마트 자동차	79.2	3.7
융복합 소재	79.0	3.7
신재생에너지	78.5	4.0
빅데이터	78.4	3.7
지능형 사물인터넷	77.7	4.2
지능형 로봇	74.8	4.2

• 최고 기술국은 모두 미국, 기술 수준은 미국 대비 한국의 수준

출처 | 한국과학기술기획평가원 '2014 기술수준평가보고서'

가되었는데 4차 산업혁명론이 부상한 이후 동일한 기술의 준비 수준에 대한 평가가 10퍼센트포인트 이상 낮아진 것이다.

한편 4차 산업혁명이 본격적으로 미디어를 장식하기 시작한 2017년 초 대통령 선거 국면에서는 1987년 민주화 항쟁 30년, 1997년 외환위기 20년의 세월을 거치며 우리 사회에 누적된 정치·경제적 모순과 갈등이 여러 형태로 분출되면서 4차 산업혁명 논의는 종종 사회적으로 중요한 이슈를 되짚어보는 담론의 일부로 흡수되었다.

'4차 산업혁명'은 어떻게 소비되는가?

대통령 선거 직후 《한국경제》에서 기획한 4차 산업혁명 관련 빅데이터 키워드 분석 결과는 우리나라에서 4차 산업혁명이라는 키워드가 어떤 의미로 소비되는지를 보여준다. 블로그와 뉴스 기사에서 "4차 산업혁명에 대한 본원적 관심이나 기대보다는 선거 국면에서 앞으로의 위기를 강조하는" 의미로 언급되는 경향이 드러났으며, 더불어 체계적 대응보다는 정치적 필요에 의한 수사修辭에 불과하다고 해석한 것이다.

분명 4차 산업혁명이 이처럼 특수한 정치적 국면에서 슬로건화된 경향이 존재하나 대선 이후에도 지속적으로 확장되고 있는 4차 산업혁명 논의는 단순한 유행어에 머무르지 않고 한국 사회에서 오랫동안 풀리지 않은 사회·경제적 문제를 되짚는 계기를 제공하고 있다. 대표적으로는 세계경제포럼의 〈일자리의 미래Future of Jobs〉 보고서나 최근 한국과학기술단체총연합회의 4차 산업혁명 설문 결과에서 제시되었듯이, 4차 산

그림 6 빅데이터 분석상 4차 산업혁명 관련 연관어

'4차 산업혁명' 관련 연관어(블로그)　　'4차 산업혁명' 관련 연관어(뉴스기사)

출처 | 한국경제, 2017

업혁명 시대에 가장 절실하다고 이야기되는 창의력과 융합, 협업, 비판적 사고 등은 악명 높은 입시 위주 교육과 각자도생의 신자유주의적 경쟁체제의 틀을 벗어나지 않는 한 도저히 갖출 수 있는 자질이 아니다. 체제의 집단적 모순을 두고 각자의 윤리, 또는 이타심에 호소해 협업과 융합, 창의성을 발휘하라는 것은 바람직하지 않을 뿐더러 더 이상 가능하지도 않다.

　실체가 없음에도 4차 산업혁명에 대해 이야기해야 하는 것은 4차 산업혁명이라는 공허한 플레이스홀더에 각자 담으려고 하는 이야기들을 모아 우리 사회의 아픈 곳을 되짚어보는 비판적 담론으로 견인하기 위한 작은 노력이 아닐까 싶다.

김소영

국제정치경제학자이자 연구개발정책 전문가로 과학기술부문 정부 지출과 연구개발 예산 및 평가에 관한 국제 비교 연구를 수행해왔다. 현재 KAIST 과학기술정책대학원 원장으로 세계경제포럼의 글로벌미래위원회 기술·가치·정책 분과위원 및 한국과학기술단체총연합회 4차산업혁명넷 공동위원장을 맡고 있다. 국가연구개발사업 성과평가, 기초과학 전략분야 및 미래 유망기술 선정, 과학기술인재 육성-지원, 여성과학기술인 중장기 정책과 관련해 다양한 위원회 활동에 참여하고 있다.

저서로는 《과학기술정책》이 있다

2장

왜
'4차 산업혁명론'이
문제인가?

4차 산업혁명 비판 일반론,
문재인 정부에 바라는 것

홍성욱 | 서울대학교 생명과학부 교수

'4차 산업혁명'이라는 유행어

'4차 산업혁명'을 외치는 사람들은 지금 이 시대에 진행되는 기술 변화가 가장 급격하고 혁명적이라고 생각한다. 과거의 컴퓨터 혁명 같은 3차 산업혁명과는 질적으로 다른 변화라는 것이다. 그런데 산업사회가 시작된 이래 사람들은 모두 자신들이 사는 시대가 급격한 기술 변화의 시대라고 생각했다. 여러 가지 지표를 통해 볼 때, 기술 발전의 속도가 가장 급격했던 시기는 19세기 말엽이나 20세기 초엽이었지만,* 무어의 법칙이 지배하는 세상에 살면서 인터넷과 핸드폰을 자유롭게 사용하는 우리는 지금의 기술 변화가 훨씬 급격하다고 생각한다. '4차 산업혁명'이라는 개념이 우리에게 널리 받아들여지는 한 가지 이유는 이것이 우리가 느끼는 급격한 기술 변화와 경험적이고 상식적인 차원에서 잘 맞아떨어지기 때문이다.

이 글은 지금 우리나라에서 유행 중인 4차 산업혁명론을 비판하기 위해서 쓴 것이다. 여기서 4차 산업혁명'론'이라 함은 4차 산업혁명에 대한 공론장에서의 담론과 좀 더 체계를 갖춘 학술적, 정책적 이론 모두를 의미한다. 나는 이런 4차 산업혁명론의 주장이 과장되었고, 편향되었으며, 철학적으로 진부한 것임을 주장할 것이다. 다만 사회적 담론에 대해서는 앞서 수록된 김소영 원장의 글이 잘 분석해주고 있기 때문에, 이 글은 정책적인 이론과 전략에 그 비판의 초점을 맞추었다.

나는 우선 '4차 산업혁명'이라는 용어가 현재 어떤 의미로 사용되며, 과거에는 어떤 의미로 사용되었는가를 살펴보겠다. 그리고 왜 지금의

* Jonathan Huebner, "A Possible Declining Trend for Worldwide Innovation," *Technological Forecasting & Social Change* 72(2005), pp. 988–995; Alexander J. Field, "The Most Technologically Progressive Decade of the Century," *American Economic Review* 93(2003), pp. 1399–1413; Robert Gordon, *The Rise and Fall of American Growth: The U.S. Standard of Living since the Civil War* (Princeton, 2016).

변화에 '산업혁명'이라는 개념을 적용하는 것이 무리인지를 보이면서, 요즘 회자되는 4차 산업혁명이 '정치적 유행어'에 가까운 것임을 주장할 것이다. 그리고 한국의 상황으로 돌아와서 이 개념이 유행하게 된 과정을 분석한 뒤에, 이것이 박근혜 정부 시절 정보통신기술 분야에서의 지능정보기술 육성 정책이 발전한 것임을 보일 것이다. 지능정보기술 정책이나 4차 산업혁명론 모두 특정한 정보통신기술을 발전시키면 우리나라가 살기 괜찮은 지능정보사회가 될 것이라는 기술결정론적인 인식에 근거하고 있는데, 이 글의 마지막 부분에서는 이런 기술결정론의 문제점을 지적하면서 진보적인 정부에서 추진하기를 기대하는 대안적인 정책을 제안해볼 것이다.

4차 산업혁명론의 역사

'4차 산업혁명'이라는 개념은 2016년 1월에 세계경제포럼(다보스 포럼)의 주제어로 선택되면서 유행하기 시작했다. 세계경제포럼의 회장 클라우스 슈밥은 140여 개 나라 2,500여 명의 인사가 모인 가운데 4차 산업혁명을 포럼의 화두로 내걸었다. 그에 따르면 1차 산업혁명은 기계와 증기기관의 발명으로 대변되는 혁명이었고, 2차 산업혁명은 전기와 대량생산 체제의 수립으로 나타난 산업혁명이었다. 3차 산업혁명은 컴퓨터와 정보통신기술이 정보 처리 능력과 연결망을 급속하게 증가시킨 혁명이었으며, 4차 산업혁명은 인공지능, 사물인터넷, 빅데이터 등에 의해서 자동화와 연결성이 극대화되는 지금의 급격한 변화를 가리킨다.◆

◆ 클라우스 슈밥, 《클라우스 슈밥의 제4차 산업혁명》(송경진 역, 새로운현재, 2016). 4차 산업혁명론과 독일의 인더스트리 4.0" 프로그램은 종종 혼동되곤 했는데, 이 혼동에는 이유가 있었다. 이에 대해서는 이 글의 42~50쪽과 특히 45쪽의 각주 ◆를 보라.

그런데 4차 산업혁명이라는 말은 이때 처음 등장한 것이 아니다. 이미 오래전부터 사람들은 자신들이 살고 있는 시기가 급격한 변화를 겪는 4차 산업혁명의 시기라고 외쳤다. 미국의 사회학자 해리 엘머 반스Harry Elmer Barnes는 1948년에 세계가 이미 세 차례 산업혁명을 겪었다고 기술했다. 그에 따르면, 1차 산업혁명은 철강, 증기기관, 섬유 산업에서 일어난 우리가 잘 알고 있는 혁명이다. 그리고 2차 산업혁명은 화학, 강철, 새로운 통신 수단의 혁명, 3차 산업혁명은 1948년 당시에 진행되고 있던 '전력화, 자동 기계, 생산에 대한 전기적 제어, 항공 수송, 라디오 등'으로 특징지어지는 혁명이다. 그런데 그의 이야기는 여기서 끝이 아니다. 그는 여기에 덧붙여 "원자 내부의 에너지와 초음속 비행의 도래와 함께 우리는 더 현기증 나는 '4차 산업혁명'을 목도하고 있다."고 하면서, '4차 산업혁명'이 도래하고 있다고 강조했다.●

4차 산업혁명을 언급한 사람은 반스 외에도 여럿 있다. 1940년에 미국의 경제학자 앨버트 카Albert Carr는 《미국의 마지막 기회》라는 책에서 "산업혁명의 부가적 구현으로서의 현대적 통신 수단은 '4차 산업혁명'이라는 새로운 국면의 시작이다."라고 했다. 전자공학이 발전하던 1955년에는 "제2차 세계대전 이후 전자공학의 발전에 따라 우리는 '4차 산업혁명'에 접어들었다."는 언급이 있었고, 1970년대에는 컴퓨터가 널리 쓰이면서 "컴퓨터와 핵에너지에 의해 인도되는 4차 산업혁명에 우리가 들어섰다."는 이야기가 등장했다. 1980년대 초에는 경제학자 W. W 로스토W.W. Rostow가 당시 진행되고 있는 기술 변화를 4차 산업혁명이라고 불렀다.● 매 시기마다 4차 산업혁명이 등장했던 것이다.

● Harry Elmer Barnes, *Historical Sociology: Its Origins and Development: Theories of Social Evolution from Cave Life to Atomic Bombing*(New York, 1948), p. 145. 여기에서는 David Edgerton, "Innovation, Technology, or History: What Is the Historiography of Technology About," *Technology and Culture 51*(2010), pp. 680-697, p. 693에서 재인용.

로스토의 4차 산업혁명론은 조금 더 자세히 살펴볼 필요가 있다. 경제학자 로스토는 여러 가지 경제적 지표들을 분석하고 이를 계량화해서 네 차례에 걸친 산업혁명을 밝혀냈다. 1차 산업혁명은 우리가 알고 있는 증기기관과 방직-방적산업에서의 혁명이다. 그는 2차 산업혁명을 1830~1850년대의 철도와 철강에서의 혁명으로 봤다. 3차 산업혁명은 19세기 말부터 20세기 초의 내연기관, 전기, 화학 기술로 촉발된 혁명이다.◆ 그에 따르면 3차 산업혁명의 진행은 1960년대 중반부터 확연히 쇠퇴했는데, 1970년대 초엽부터는 전자공학, 유전공학, 로봇공학, 레이저, 새로운 재료, 새로운 통신 수단 등에 의해서 4차 산업혁명이 촉발했다.■ 1983년, 한국을 포함한 아시아 국가들을 방문한 로스토는 싱가포르,

◆   Elizabeth Garbee, "This Is Not the Fourth Industrial Revolution," *Slate*(29 Jan. 12026). http://www.slate.com/ articles/technology/future_tense/2016/01/the_world_ economic_forum_is_wrong_this_isn_t_the_fourth_ industrial_revolution.html.

▲   대부분의 역사학자들은 1860~1900에 걸친 화학, 강철, 전기, 자동차에서의 혁명적인 기술 발전을 2차 산업혁명으로 꼽는다. 2차 산업혁명에 대해서는 어느 정도 합의가 있지만, 3차 산업혁명에 대해서는 그렇지 않다. 그렇지만 3차 산업혁명을 언급하는 많은 이들은 1970년대 이후 컴퓨터의 보급, 유전공학, 인터넷의 보급 등을 3차 산업혁명을 특징짓는 요소로 언급한다.

■   W. W. Rostow, "The World Economy Since 1945: A Stylized Historical Analysis," *Economic History Review 38*(1985), pp. 252-275. 다른 글에서 그는 4차 산업혁명에서는 '과학'이 중요하고 따라서 과학자가 중요한 행위자로 부상하며, 핵심 기술이 기존의 농업, 산업, 임업 등에 바로 스며들어가서 이런 산업을 혁신적으로 바꾸는 역량이 크고, 따라서 저개발 국가나 지역에서도 이런 기술들이 큰 의미를 갖는 것이라고 분석했다. W. W. Rostow, "Is There Need for Economic Leadership?: Japanese or U.S.?" *American Economic Review 75*(1985), pp. 285-291.

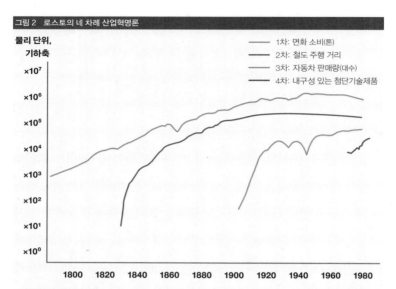

그림 2　로스토의 네 차례 산업혁명론

**물리 단위,
기하축**

- 1차: 면화 소비(톤)
- 2차: 철도 주행 거리
- 3차: 자동차 판매량(대수)
- 4차: 내구성 있는 첨단기술제품

$\times 10^7$
$\times 10^6$
$\times 10^5$
$\times 10^4$
$\times 10^3$
$\times 10^2$
$\times 10^1$
$\times 10^0$

1800　1820　1840　1860　1880　1900　1920　1940　1960　1980

각각의 산업혁명은 면화, 철도, 자동차, 첨단기술제품이 급격하게 늘어나는 시기부터 시작해서, 이것
이 둔화되는 시기까지 이어진다.

출처 | 미국 정부, 1790~1983

한국, 대만과 같은 개발도상국이 '도약take-off'의 단계를 넘어서 전자공
학과 유전공학으로 대표되는 4차 산업혁명의 문턱에 들어섰다고 했던
것이다.•

　1983년에 4차 산업혁명의 문턱에 들어섰다고 평가를 받은 우리가
2017년에 4차 산업혁명을 국가적 아젠다로 다시 외치고 있는 것은 역사
가 반복되면서 나타나는 희극일까, 비극일까?◆ 우선 로스토가 4차 산
업혁명을 외치던 시기와 2017년의 차이를 생각해봐야 한다. 가장 큰 차
이는 요즘 경제학자 주류가 산업혁명 자체에 대해서 과거보다 더 회의적

●　로스토는 1983년에 한국에서 강연을 했고, 이 강연은 《韓國과 第4
　　次 産業革命: 1960-2000》(서울 한국경제연구원, 1983)이라는 책
　　으로 출판되었다.

◆　기술사학자 송성수는 학자들 사이에 대략적인 합의가 되어 있는 1차,
　　2차 산업혁명과 달리 3차, 4차 산업혁명에 대해서는 이런 합의가 없
　　고, 이런 측면에서 후자들을 '작업 가설'이라고 평한다. 송성수, 〈역
　　사에서 배우는 산업혁명론: 제 4차 산업혁명과 관련하여〉, 《STEPI
　　Insight》 vol. 207(2017년 2월 1일).

이라는 것이다. 최근에는 농업사회를 산업사회로 탈바꿈시켰던 영국 주
도의 1차 산업혁명에 대해서도 생산성 향상이 원래 알려졌던 것보다 훨
씬 적었고 완만했다는 해석이 지배적이다.[▲] 19세기 후반의 기술 변화에
대해서도 이것이 생산성 향상에 기여한 바가 수십 년이 지난 뒤에야 나
타났다는 이유에서 이 현상을 '생산성 역설$^{productivity paradox}$'이라고 부르
기도 한다.[■] 1970년대 이후 컴퓨터의 보급이 생산성 향상에 미친 영향
은 아직도 나타나지 않고 있다는 점에서, 이것을 '산업혁명'이라고 부를
수 있는지에 대해서도 회의적인 사람들이 있다. 우리도 피부로 느끼고
있지만, 무어의 법칙으로 대변되는 급속하고 현란한 기술 발전에도 불
구하고, 1970년대 이후 세계 자본주의는 확연하게 저성장의 기조만을
유지하고 있다.

사실 '혁명'이라는 단어가 진정으로 어울리는 변화는 1차 산업혁명
이 유일하다고 볼 수 있다. 조금 과장을 해서 말하면, 1차 산업혁명은
90퍼센트의 인구가 농사에 종사하는 농업사회를 90퍼센트의 인구가
농사 이외의 활동에 종사하는 산업사회로 탈바꿈시켰기 때문이다. 산
업혁명이 처음 시작된 영국에서는 산업사회가 되면서 구시대의 귀족 계
급, 새롭게 부상한 자본가와 부르주아라는 신 지배 계급, 그리고 사회의

[▲] C. Knick Harley, "British Industrialisation before 1841:
Evidence of Slower Growth during the Industrial Revolution,"
Journal of Economic History 42(1982), pp. 267–289; N. F. R.
Crafts, "British Economic Growth during the Industrial
Revolution(Oxford, 1985); N. F. R. Crafts and Knick Harley, "Output
Growth and the British Industrial Revolution: A Restatement
of the Crafts–Harley View," *Economic History Review*
45(1992), pp. 703–730. 영국에서는 제2차 세계대전 이전에 산업
혁명을 완만한 변화로 해석하던 역사적 연구가 주류였다. 할리^{Harley}
나 크래프트^{Crafts} 같은 소위 수정주의적 해석은 1960~70년대에
로스토나 홉스봄 같은 학자들이 산업혁명을 다시 급격한 변화로 해
석한 데 대한 비판으로 등장한 논의들이다.

[■] Paul A. David, "The dynamo and the computer: An historical
perspective on the modern productivity paradox," *American
Economic Review* 80(1990), pp. 355—361.

대다수를 차지하게 된 노동자 계급이 사회의 헤게모니^{hegemony}를 잡기 위해서 서로 충돌했다. 역사학자 해럴드 퍼킨$^{\text{Harold Perkin}}$은 가끔은 유혈 투쟁의 형태를 띤 이들의 대립이 실제로는 서로 다른 세계관과 가치관의 충돌이었음을 강조한다. 즉 이들은 각각 후원, 경쟁, 협동이라는 자신들의 가치관이 사회를 지배하는 가치관이 되어야 한다고 주장했다. 19세기를 통해서 후원을 강조하던 구 지배 계급인 귀족이 쇠퇴하고, 노동자 계급이 내세운 협동이라는 이념과 자본가 계급이 주장하던 경쟁이라는 가치 사이의 대립과 갈등이 수십 년 동안 영국이라는 산업사회의 특징이 되었다.●

　이렇게 첫 산업혁명은 과거의 세상과는 혁명적으로 다른 새로운 세상을 낳았지만, 이후 산업혁명들은 그렇지 못했다. 거대한 도시가 생기고, 마천루가 하늘로 치솟고, 비행기를 타고 여행을 다니고, 컴퓨터와 인터넷으로 예전에는 상상도 못하던 일들을 하지만, 산업사회라는 큰 틀은 변하지 않았다는 것이다. 1970년대에 정보화 사회가 처음 등장했을 때 이것이 산업사회와는 질적으로 다른 사회라고 생각하던 사람들도 있었지만, 지금 그런 생각을 하는 사람은 소수다.◆ 정보화 사회라고 해서 모든 재화가 다 정보로 변하는 것이 아니며, 세상은 아직도 물질적 생산과 소비가 주를 이루고 있고, 정보화나 서비스 노동은 이를 촉진하거나 보완하는 성격을 지닌다는 것이 시간이 지나면서 얻어진 대략적인 합의다. 2016년 다보스 포럼의 '4차 산업혁명'의 모태가 된 독일의 '인

● Harold Perkin, *The Origin of Modern English Society*, 1780-1880(London: Routledge and Kegan Paul, 1969).

◆ Daniel Bell, The Coming of Post-Industrial Society(New York: Harper Colophon Books, 1974) (다니엘 벨, 《탈산업사회의 도래》(박형신·김원동 역, 아카넷, 2006). 벨을 비롯한 정보 사회 이론에 대한 비판으로는 Fuchs, Christian, "Capitalism or Information Society? The Fundamental Question of the Present Structure of Society," *European Journal of Social Theory* 16(2013), pp. 413-434가 유용하다.

더스트리 4.0'도 정보통신기술 등을 사용해서 독일 산업의 혁신을 꾀하는 것을 목표로 하고 있었다. 이런 관점에서 볼 때, 19세기 초엽 이래 지금까지의 세상은 넓은 의미에서 '산업사회'다. 기술이나 과학적 지식의 중요성이 점차 증대해왔을 수는 있지만.

정치적 유행어로서의 4차 산업혁명

오해가 없기 바란다. 내 의도는 1940년대, 1950년대, 1980년대에 등장한 4차 산업혁명론과 지금의 4차 산업혁명론이 동일하다고 주장하려는 것이 아니다. 이들은 서로 다른 뜻을 염두에 두고 4차 산업혁명이라는 말을 사용했다. 그렇지만 20세기를 거치는 동안 여러 차례 4차 산업혁명이라는 용어가 그 뜻을 달리하면서 사용되었다는 사실은 지금 사용되는 용법도 이런 연장선에 있을 수 있음을 시사한다. 이렇게 보면 과거에도 그랬듯이 지금의 '4차 산업혁명'이라는 용어도 정치적인 '유행어'에 불과할 수 있는 것이다.

　유행어는 여러 상이한 집단의 욕구를 만족시킬 때 널리 퍼지며 영속성을 지니게 된다. 과학기술과 관련된 유행어를 연구한 베르나데테 뱅소드 뱅상Bernadette Bensaude Vincent은 유행어를 "실질적인 내용이 결여된 피상적인 언어적 단위"로 정의한다. 유행어는 불확실성이 만연한 시대에 더 쉽게 확산된다. 뱅소드 뱅상에 의하면 유행어에 실질적인 내용이 없다는 사실은 이것이 널리 퍼지는 데 장애가 되기보다 오히려 그 반대의 기여를 하는 경우가 많다. 다양한 그룹이 이 내용 없는 말에 자신들이 채우고 싶은 의미를 채워 넣기 때문이다. 이를 통해 유행어는 이 다양한 그룹이 공유하는 목표와 아젠다를 만들어내는데, 이들은 유행어가 만들어낸 '소음'에 의해서 맺어진 불안정한 집합체를 만든다.[●]

'4차 산업혁명'이라는 유행어는 2016년 1월에 열린 다보스 포럼 이후에 우리에게 전파되기 시작했는데, 특히 우리나라에서는 2016년 3월 9일부터 15일까지 다섯 차례에 걸쳐서 수행된 이세돌-알파고의 대국이 이 유행어의 전파를 크게 가속화시켰다.[◆] 특히 (조금 뒤에 더 자세히 살펴보겠지만) 당시 박근혜 대통령이 인공지능 기술을 개발해야 한다는 대국민 담화를 한 뒤 4차 산업혁명에 대한 논의가 급물살을 타기 시작했다. 이후 '4차 산업혁명'에 대한 담론은 기하급수적으로 증가했다. 신문과 방송은 4차 산업혁명에 대한 보도를 연이어 내놨다. 예를 들어, 2017년 3월 한 달 동안《매일경제》는 '4차 산업혁명'이라는 단어가 들어간 기사를 400건 이상 쏟아냈다.

이렇게 1년이 넘게 지속된 언론의 보도는 '4차 산업혁명'을 사회적 실재social reality로 만들었다. 2017년 5월 28일에 과학기술단체총연합회 주관으로 이루어진 설문조사에서 대학 교수와 연구원들을 포함한 2,350명의 과학기술계 종사자 89퍼센트가 현재 4차 산업혁명이 진행 중이라고 답했다.[▲] 그렇지만 국가 아젠다로서의 4차 산업혁명 개념의 유용성을 묻는 질문에는 바람직한 정책이라고 판단한 응답자가 43퍼센

● B. Bensaude Vincent, "The politics of buzzwords at the interface, of technoscience, market and society: The case of 'public engagement in science'," *Public Understanding of Science* 23(2014), pp. 238–253.

◆ 알파고와 4차 산업혁명의 연관, 정치적 유행어로서의 4차 산업혁명에 대해서는 맹미선, "알파고 쇼크와 '4차 산업혁명' 담론의 확산: 과학기술 유행어Buzzword의 수사적 기능 분석을 중심으로" (서울대학교 석사학위논문, 2017)를 참조할 것.

▲ 다만 관심도를 묻는 질문에서 분야별로는 바이오 분야 종사자들이 가장 관심이 없었고, 순수기초/응용/개발/행정의 구분에서는 기초과학 종사자들이 가장 관심이 없었다.

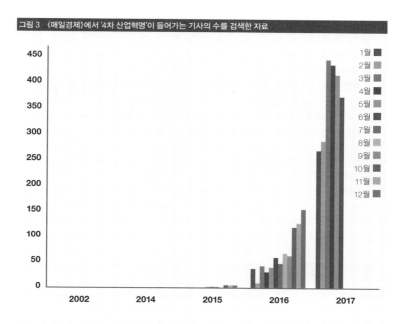

그림 3 《매일경제》에서 '4차 산업혁명'이 들어가는 기사의 수를 검색한 자료

우리가 짐작하듯이, '4차 산업혁명'이 들어간 기사는 다보스 포럼에서 4차 산업혁명을 주제어로 잡은 2016년 1월에 급증했고, 2월에는 급감했다. 다보스 포럼에서의 화두는 항상 화제가 되지만, 이에 대한 국민적 관심이 한 달 이상 지속되기는 힘들다. 그러다 이세돌-알파고의 대결이 있던 3월에 이 수가 급증했고, 이후 1년 동안 '4차 산업혁명'을 포함한 기사 수는 기하급수적으로 증가했다.

트인 반면에, 좀 더 구체적인 개념으로 정립할 필요가 있다는 의견이 31퍼센트, 글로벌한 개념 정립을 본 후에 정책적인 논의를 진행해야 한다는 의견이 20퍼센트였다. 비판적이고 유보적인 의견(51퍼센트)이 긍정적인 견해(43퍼센트)보다 더 높았다. 4차 산업혁명의 전략에서의 우선순위를 묻는 질문에서는 사물 인터넷과 정보통신(26퍼센트), 인공지능(21퍼센트), 제조업의 디지털 혁신(17퍼센트), 무인 자동화 기술(9퍼센트) 같은 구체적인 기술보다 교육/연구개발 시스템의 혁신(27퍼센트)을 꼽은 사람들이 많았다. 교육은 창의력(29퍼센트), 융합 교육(19퍼센트), 기초과학(18퍼

그림 4 과학기술단체총연합회가 실시한 설문조사 사례

4차 산업혁명이 실제로 진행되고 있다고 보는가?

매우 그렇다	52%
약간 그렇다	37%
별로 그렇지 않다	10%
전혀 그렇지 않다	1%

4차 산업혁명에 대해 얼마나 관심이 있는가?

매우 있다	65%
약간 있다	31%
별로 없다	3%
전혀 없다	1%

센트)을 강조하는 쪽으로 바뀌어야 한다는 응답이 많았고, 시급한 제도개혁으로 연구개발과 관련된 규제의 완화, 통제자에서 협력자로 정부 역할의 재정의, 그리고 연구 자율성 확대 등이 꼽혔다. 또 이들은 4차 산업혁명이 일자리를 늘릴 것이라고 생각하는 경향이 더 강했고, 4차 산업혁명과의 연관어를 꼽는 설문에서도 '실업'을 연관어로 꼽은 비율이 매우 낮았다. 과학기술종사자들은 전반적으로 4차 산업혁명의 사회적 영향에 대해서 긍정적인 평가를 하고 있었다.●

과학기술인들의 이 설문조사는 네 가지 점에서 매우 흥미롭다. 첫째는 4차 산업혁명의 사회적 영향에 대해서 긍정적인 답이 많았다는 것이다. 대부분의 응답자들은 4차 산업혁명을 통해서 더 괜찮은 미래 사회가 올 것으로 기대하고 있음을 보여주었는데, 이는 2017년 5월 한국언론진흥재단의 대국민 설문조사와 크게 대조적이다. 일반 국민에 대한 설문조사에서는 "4차 산업혁명으로 빈부격차가 심해질 것"이란 항목에 응답자의 85퍼센트가 "그렇다."고 답했고, "전체적으로 일자리가 감소할 것"이란 항목에도 무려 90퍼센트가 동의했기 때문이다. 이는 전문가들이 자신들이 다루고 있는 과학기술의 영향에 대해서 더 낙관적이며,

● 이 설문조사 결과는 다음 사이트에서 확인 가능하다. https://www.kofst.or.kr/bbsview.bit?sys_type=0000&menu_code=601100&bid=BBS_06_04&bbs_no=233&page=1&sfield=SUBJECT&stext=

어떤 의미에서는 더 무비판적이라는 사실을 보여준다.◆

두 번째는, 설문에서 90퍼센트에 가까운 전문가들이 4차 산업혁명이 진행 중이라고 답했는데, 이는 불과 2016년 10월에만 해도 우리나라 미래 전문가 100명 중 75퍼센트가 "5년 내에 4차 산업혁명이 온다."고 답했던 것에 비해 볼 때 짧은 시간 동안 큰 변화가 있었음을 보여준다.▲ 2016년에만 해도 4차 산업혁명은 가까운 미래의 얘기였지만, 2017년 5월에는 현재 진행형이 되었던 것이다. 더 분석을 해봐야겠지만, 이런 변화는 대통령 선거를 거치면서 모든 후보들이 4차 산업혁명에 대한 적극적인 대응을 공약으로 내걸었고, 이와 관련해서 텔레비전이나 신문 등을 통해서 토론과 분석이 자주 있었던 것과도 깊은 관련이 있어 보인다.

세 번째는 많은 과학기술인들이 4차 산업혁명이라는 개념에 부족함이 있다고 생각하지만, 이것이 진행되고 있다는 것을 인정한다는 사실이다. 이는 조금 모순적이기까지 한데, 이를 이해하는 한 가지 방법은, 대부분의 응답자들이 어떤 급격한 기술 변화가 일어나고 있다는 데 동의하는데, 이를 3차 산업혁명에 이은 4차 산업혁명이라고 불러야 하는지에 대해서는 확신을 갖고 있지 못하다고 보는 것이다. 글로벌한 논의를 해야 한다는 답이 많은 것으로 봐서 응답자들은 4차 산업혁명이라는 말이 한국에서만 유행하고 있음을 감지하는 것처럼 보이기도 한다. 인터넷 검색을 해보면 'fourth industrial revolution'보다 '4차 산업혁명'에 대한 결과가 훨씬 더 많이 나올 정도로 4차 산업혁명에 대한 논의는 우리나라에 국한되어 있는 게 사실이며, 이에 대한 지적도 언론에 보도됐다.■ 미국은 '스마트 팩토리' '디지털 트랜스포메이션digital trasformation'

◆ 태원준, 〈4차 산업혁명 "인류에 혜택" 82%, "내게는 위험" 76%⋯한국인 인식조사〉, 《국민일보》(2017년 5월 5일).

▲ 장석범, 〈미래 전문가 75% "5년안에 '4차 산업혁명' 시대 본격화"〉, 《문화일보》(2016년 10월 4일).

■ 배용진, 〈관이 낳은 버블−한국에만 있는 4차 산업혁명〉, 《주간조선》(2017년 6월 18일).

을, 독일은 '인더스트리 4.0,' 일본은 '소사이어티 5.0'을, 중국은 '중국제조 2025'라는 구호를 자주 쓴다. 과학기술자들은 우리나라에서만 통하는 이름에는 문제가 있을 수 있다고 생각하면서도, 이름보다 실제로 진행되는 변화가 중요하다고 생각한다고 볼 수 있다.

네 번째는, 세 번째 특징과도 연관되어 있다. 응답자들이 4차 산업혁명의 변화에 대응하기 위한 개선점으로 꼽는 것들이, 사실 예전부터 꼽았던 것들과 대동소이하다는 것이다. 연구개발 관련 규제를 풀어야 한다, 연구를 자율화해야 한다, 정부의 간섭을 최소화해야 한다, 창의적이고 융합적인 교육을 해야 한다, 기초과학에 더 많은 투자를 해야 한다는 것은 4차 산업혁명 이야기가 나오기 이전부터, 아니 지난 수십 년 동안 계속해서 제기된 요구 사항이었다. 과학기술자들은 이제 4차 산업혁명을 국가적 아젠다로 삼아서 이를 추진하는 정부가 이러한 걸림돌을 제거해야 한다고 요구하는 것이다. 사실 이런 요구는 과학기술계만이 아니라 지금 각계각층에서 나타나고 있다. '문화 콘텐츠 없이 4차 산업혁명 없다', '주입식 교육 강요당하는 학생들, 머나먼 4차 산업혁명', '4차 산업혁명 시대의 기업 규제 개혁 방안' 등을 다루는 칼럼이나 토론회는 그동안 각각의 분야에서 절실했던 요구를 4차 산업혁명이라는 국가적 아젠다에 빗대어 표출하는 것에 다름 아니다.

지능정보사회에서 4차 산업혁명으로

그렇다면 우리는 4차 산업혁명이라는 이름에 연연하지 않은 채로 지금 일어나는 기술 변화에 적극적으로 대응하고, 또 이런 변화를 주도해서 이끌어나가기만 하면 되는 것이 아닐까? 미국, 독일, 일본, 중국도 다 비슷한 국가적 아젠다를 가지고 연구개발을 이끌고 있는 것이 아닌가? 이름보다는 내용과 정책이 더 중요한 것이 아닌가? 나는 4차 산업혁명론의 문제가 단지 용어의 문제만은 아니라고 보는데, 이에 대해서 상술하기 위해서는 4차 산업혁명이라는 개념이 어떻게 부상하게 됐는지를 잠깐 살펴볼 필요가 있다.

잘 알다시피 참여정부 시절에 과학기술부 장관은 부총리 격으로 격상되었고, 과학기술부 아래에는 혁신본부를 두어 전 부처에 흩어져 있는 연구개발을 총괄하게 했다. 잠깐 동안 소위 '컨트롤타워'가 만들어졌다. 그런데 이명박 정부가 들어서면서 과학기술부는 교육부 산하로 흡수되었고, 정보통신부는 폐지되고 소관 업무가 여러 부처와 방송통신위원회에 이관되었다. 한국의 정보통신기술을 이끌어오던 정보통신부를 해체하고 폐지한 일은 이명박 정부 당시에도 졸속적인 실책으로 평가되었다.● 5년 뒤인 박근혜 정부에서는 창조경제를 조정하는 미래창조과학부가 설립되었다. 그런데 미래창조과학부의 영문 이름인 Ministry of Science, ICT and Future Planning을 보면 알 수 있듯이 미래부는 과거의 과학기술부와 정보통신부(일부)가 합쳐진 것이었다. 실제로 미래부의 제2차관이 과거 정보통신부의 업무 대부분을 관장했다. 문재인 정부에서도 미래창조과학부는 이름을 과학기술정보통신부로 바꾼 채 거의 그대로 계승되었다. 그 이름을 봐도 알 수 있듯이 이는 이전의 과학기술부와 정보통신부가 합쳐진 조직이다.

예전의 정보통신부 관계자들은 정보통신부가 TDX, CDMA 등을

● 정보통신부가 문을 닫던 날 한 관료는 "평생 처음 엉엉 소리 내 울었다."고 회고했을 정도였다. 이덕현, 〈굿바이 정통부(하)〉, 〈전자신문〉 (2014년 11월 6일).

개발해서 외국 기술의 모방에서 벗어나 한국형 기술 자립을 이루었다는 점을 자랑스럽게 생각한다. 이들은 또 지금 우리가 누리는 초고속 인터넷 서비스, 모바일 강국 등의 칭호도 정보통신부의 치적으로 평가한다. 박근혜 정부 시절에 차세대 정보통신기술 개발 정책에 대해서 고민하던 관료와 기술자들은 대략 2015년 중반부터 인공지능과 사물인터넷, 빅데이터 등의 최신 정보통신기술의 결합체로 '지능정보기술'이란 용어를 사용하기 시작했다. 예를 들어, 그해 9월에 열린 정보통신기술 중장기 정책 과제 발굴 간담회에서는 사물인터넷, 클라우드, 빅데이터 등 정보통신기술에 인공지능기술이 빠르게 접목되면서 수년 내에 "대부분의 산업에서 컴퓨터와 기계가 핵심적인 역할을 수행하는 '지능정보사회'가 도래할 것"이라고 예측했다. 이 발표회에서는 '지능정보혁명'이라는 용어도 사용되었다.●

사실 우리나라에서 4차 산업혁명이라는 용어는 슈밥의 다보스 포럼

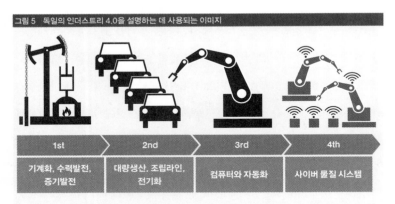

그림 5 독일의 인더스트리 4.0을 설명하는 데 사용되는 이미지

1st	2nd	3rd	4th
기계화, 수력발전, 증기발전	대량생산, 조립라인, 전기화	컴퓨터와 자동화	사이버 물질 시스템

이를 보아도 알 수 있지만 독일의 인더스트리 4.0은 원래 네 번째 산업혁명, 즉 4차 산업혁명을 의미했다. 그렇지만 3차 산업혁명의 의미도 정확하지 않은데 4차 산업혁명이라는 용어를 사용한다는 비판 때문에 그 프로그램의 이름은 산업혁명 4.0Industrial Revolution4.0에서 인더스트리 4.0으로 바뀌었다.

● 박영태, 〈5년내 지능정보사회 온다〉, 《한국경제》(2015년 9월 4일).

이전에도 빈번하게 사용되었다. 그 맥락은 2011년에 독일에서 제시된 인더스트리 4.0 프로그램과 관련해서였다. 독일의 인더스트리 4.0 프로그램은 정보통신기술과 공장의 생산을 더 밀접하게 연결시켜서 생산을 유연화함으로써 맞춤형 대량 생산을 구현한다는 프로젝트였다.◆ 이는 공장의 생산이라는 물질physical 세계와 사이버cyber 세계를 연결한다는 의미에서 '사이버–물질 시스템cyber-physical system'이라고도 불렸다. 그런데 독일의 인더스트리 4.0 프로그램에서는 사물인터넷이 핵심적인 기술이었다. 그 외에도 클라우드 컴퓨팅, 빅데이터 등이 주요 기술로 꼽혔다. 인지 컴퓨팅cognitive computing이나 인공지능도 언급되었지만, 사물인터넷에 비하면 이런 기술은 부차적이었다.

당시 우리나라에서도 독일의 인더스트리 4.0을 소개하면서 "사물인터넷과 센서네트워크부터 기업용 소프트웨어, 위치정보, 보안, 클라우드, 빅데이터, 로봇, 증강현실까지 온갖 정보통신기술을 제조 현장에 접목"한다고 했고, 특히 사물인터넷은 만물인터넷, 물신物神으로까지 불렸다.▲ 독일의 인더스트리 4.0의 영향은 정보통신기술 분야에서도 눈에 띄었는데, 2015년 9월에 KT의 황창규 회장은 지능형 통신망을 강조하면서, "최첨단 관제 시스템, 클라우드, 빅데이터를 결합한 지능형 기가 인프라와 미래 융합 사업에 2020년까지 13조 원을 투자해 4차 산업혁명을 이끌겠다."고 선언했다. 여기서 흥미로운 사실은 제조업의 혁신을 강

◆ 2011년에 독일경제과학연구조합Forschungsunion Wirtschaft-Wissenschaft은 메르켈 총리를 만나서 정보통신기술을 이용해서 독일의 산업을 혁신하는 안을 제출했다. 이때 이들이 사용한 개념은 인더스트리 4.0이 아니라 산업혁명Industrial Revolution 4.0이었다. 그렇지만 2007년에 유럽 의회가 재생에너지 기술에 따른 사회 변화를 3차 산업혁명이라고 명명했다는 점을 들어서 4차 산업혁명이라는 개념이 모호하다는 지적이 있었고, 이에 독일 정부는 4차 산업혁명 대신에 공장 생산의 구조변동에 초점을 맞추는 인더스트리 4.0이라는 개념을 사용했다. "A Critical Look at Industry 4.0" AllAboutLean.com(2015. 12. 29).

▲ 신화수, 〈창조경제 출발은 제도 업그레이드부터〉, 《전자신문》(2013. 12. 16); 〈물신物神, 사물인터넷〉, 《경북일보》(2014. 1. 28).

조한 사람들과 달리 황창규 회장의 연설에서 '지능형'이라는 단어가 등
장한다는 것이다.[*]

 정보통신 정책을 담당하는 관료들과 정책 연구원들, 실제 기술 개발
을 담당하는 엔지니어들과 기업 관계자들이 지능정보기술과 지능정보
산업이라는 키워드에 주목하면서, 이에 대한 중장기 정부 정책을 고민
하던 2016년 3월에 이세돌과 알파고의 대국이 있었다. 이 대국은 당시
인공지능에 대한 관심을 최고로 끌어올렸다. 대국 직전인 3월 8일에 당
시 대통령이던 박근혜는 서비스산업 관계자들과의 간담회에서 "이세
돌과 알파고의 대결을 계기로 늘어나고 있는 인공지능에 대한 관심을
서비스 산업 분야에 활용하기 위해서는 서비스발전기본법 제정이 필요
하다."고 했다. 이 간담회에 참석한 사람들은 그에게 4차 산업혁명을 대
비해야 한다고 강조하기도 했다. 이세돌-알파고 대국이 끝나고 이틀 뒤
인 3월 17일, 박근혜는 전문가들을 청와대로 초청해서 간담회를 하면
서, '인공지능 중심의 4차 산업혁명'에 대비할 것을 요청했다. 같은 날 미
래부는 '지능정보산업 발전전략'을 대통령에게 보고했는데, 여기서는
여러 대기업에서 출자를 받는 형태로 인공지능연구소를 설립하는 안과
언어지능과 시각지능을 비롯한 다섯 가지 인공지능 분야에서 새로운
기술 개발과 서비스를 만들어내는 계획, 빅데이터에 대한 연구 지원이
포함되어 있었다. 정부는 이런 연구를 위해서 5년간 1조 원을 투자하고,
민간 투자를 유도해서 총 2조 5000억 원을 투자할 것이라고 밝히면서,
이를 총괄하는 '지능정보사회 추진 중장기 종합계획'을 2016년 내로 세

● 이서희, 〈황창규 회장 "ICT로 4차 산업혁명 이끌겠다"〉, 《한국일보》
(2015년 9월 23일). 그는 다보스 포럼 직후에도 사물인터넷, 인공지능,
나노기술, 3D 프린터, 빅데이터 등 기술 진보가 산업 전반에 변화를
낳는 4차 산업혁명이 진행 중이고, 우리는 잘 확립된 인터넷 인프라
를 이용해서 의료, 바이오, 에너지 분야에서 진화된 정보통신기술과
인공지능을 결합해서 4차 산업혁명을 기회로 만들어야 한다고 강조
했다. 윤희훈, 〈황창규 KT 회장 "한국경제, 4차 산업혁명에서 기회
찾아야"〉, 《조선일보》(2016년 2월 18일).

우겠다고 발표했다. 알파고 대국의 충격 속에서 내놓은 이 계획은 급조한 흔적이 역력했고, 이에 대해서 언론이 '즉흥적이고 무모한' 계획이라고 비판했던 것은 적절했다.♦

　증기기관, 전기, 컴퓨터로 대별되는 1차, 2차, 3차 산업혁명에 이어서, 지능정보기술이 이끄는 4차 산업혁명이라는 구도는 매력적이었다. 2016년 5월에 미래부는 지능정보사회 추진 계획과 관련해서 '지능정보사회 민관합동 추진협의회'를 발족했는데, 이 협의회의 목표가 4차 산업혁명에 대응하여 중장기 종합대책 수립을 논의하기 위한 것이라고 공표했다.▲ 2016년 8월의 과학기술 전략회의에서는 인공지능, 자율주행자동차 등 아홉 개의 기술을 4차 산업혁명 시대를 대비하는 국가 전략 프로젝트로 선정했다. 미래부 장관도 4차 산업혁명을 강조하기 시작했

그림 6　2016년 12월에 나온 《제4차 산업혁명에 대응한 지능정보사회 중장기 종합대책》의 차례

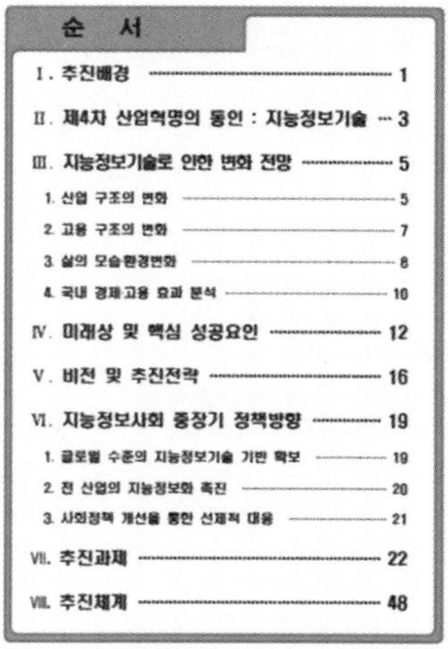

'4차 산업혁명'과 '지능정보기술'과의 연관을 잘 볼 수 있다.

♦ 〈즉흥적이고 무모한 정부의 지능정보산업 발전계획〉, 《경향신문》 (2016년 3월 8일).

▲ 〈미래부, 제4차 산업혁명 본격 준비 –'지능정보사회 민관합동 추진협의회'발족 – 사회경제 구조변화를 전망하고, 최적의 대응방안을 모색〉(미래부 보도자료. 2016년 5월 16일).

고, 그해 말에 나온 지능정보사회 중장기 종합대책 보고서는 아예 그 제목을 《제4차 산업혁명에 대응한 지능정보사회 중장기 종합대책》으로 달고 있었다. 이렇게 해서 2015년부터 미래부 내의 정보통신기술 부처에서 추진하던 지능정보기술 발전 계획이 4차 산업혁명이라는 더 '섹시한' 용어와 결합했다.●

한 가지 흥미로운 사실은 4차 산업혁명을 주장하는 사람들이 그 핵심 기술로 꼽는 것이 제각각이라는 것이다. 어떤 이는 4차 산업혁명의 핵심이 데이터산업 또는 빅데이터라고 하고, 다른 이는 사물인터넷이라고 하며, 또 다른 이는 인공지능이라고 하고, 소수는 3D 프린팅이라고 한다. 또 어떤 이는 그 핵심이 개별 기술이라기보다는 기술의 융합에 있다고 한다. 황창규 회장은 지능형 초고속 인터넷망이라는 인프라를 강조한다. 그런데 우리나라가 빅데이터나 인공지능 연구에서 미국과 같은 선진국에 한참 뒤처져 있는 것은 주지의 사실이다. 총력을 기울여 투자를 해도 간극을 메울 수 있을지도 의문이며, 아마 그 간극이 좁혀질 때가 되면 선진국이나 선진 기업들은 다른 신기술로 진로를 바꿀 가능성도 크다. 우리가 그동안 이런 과학기술에 투자를 하지 않았기 때문에 지금의 간극이 생긴 것은 자연스러운 결과이며, 이런 관점에서 보면 4차 산업혁명에 대한 열풍도 선진국을 따라잡고 추격해야 한다는, 지금까지의 추격형 정책의 최신 버전이라고도 볼 수 있다. 이는 우리의 4차 산업혁명론에 독일이나 중국처럼 지능형 정보통신기술을 사용해서 공장 생산을 혁신적으로 바꾸겠다는 구체적인 목표가 있는 것이 아님에서도 드러난다. 인공지능, 사물인터넷, 클라우드, 빅데이터, 3D 프린팅, 초고속 인터넷은 물론 양자컴퓨팅, 뉴로모픽칩 등 첨단 정보통신기술을

● 《제4차 산업혁명에 대응한 지능정보사회 중장기 종합대책》(2016년 12월 27일. 관계부처 합동).

모두 발전시켜서 제조업은 물론 의료업, 공공 서비스에 이르기까지 산업 전반의 지능화를 가져오고, 이를 통해서 그 혜택이 국민 모두에게 돌아가는 형태로 사회 전반을 바꾼다는 것이 우리 4차 산업혁명의 비전이다. 여기에는 지능정보 영재 5만 명 양성, 일자리 지원 서비스 고도화, 탄력적 노동시장 재편, 신산업 전문 인력 양성, 실직에 대비한 실업급여 및 기초연금의 점진적 확대가 포함되어 있다.◆

이제 4차 산업혁명론의 문제가 무엇인지 대략 드러났다. 지금 문재인 정부가 외치는 4차 산업혁명은 박근혜 정부 시절 미래부 내의 정보통신 관련 부처에서 출범한 '지능정보산업 발전계획'이 진화한 것이다. 지능정보산업 발전계획은 알파고 쇼크(2016년 3월)를 겪으면서, 그 직전에 있었던 다보스 포럼(2016년 1월)의 4차 산업혁명과 결합했다. 이런 논의의 핵심 주체는 이전의 정보통신부 계열의 관료, 엔지니어, 기업인이었다. 박근혜 대통령 임기 중 3년 동안 미래부 장관을 역임한 최양희 장관도 정보통신 전문가였다는 사실에 주목할 필요가 있다.

그런데 지능정보기술은 물론이고 정보통신기술도 '과학기술'의 전부가 아니다. 사실 문재인 정부가 들어설 때 문재인 정부를 지지한 사람들 중 일부는 이번이 과학을 기술 발전의 도구로만 생각하는 박정희식 패러다임에서 벗어나 과학을 문화의 한 부분으로 인식하는 새로운 패러다임이 정착할 기회라고 생각했다. 다른 이들은 과학기술의 발전을 시민사회의 요구와 밀접히 연관시켜서, 과학기술의 발전을 위한 과학기술이 아니라 시민의 삶 속 문제와 밀접히 연관되는 과학기술을 발전시키고, 이를 위한 참여적인 거버넌스를 새롭게 만들 기회라고 생각했다. 또 다른 이들은 우리가 추격의 패러다임에서 벗어나서 탈추격형 과학기

◆ 《제4차 산업혁명에 대응한 지능정보사회 중장기 종합대책》(2016년 12월 27일. 관계부처 합동).

술 연구를 수행하고, 이를 위해서 정부의 거대 프로젝트나 기획 과제 위주의 과학 정책에서 벗어나서 풀뿌리 상향식 정책 거버넌스를 확립할 기회라고도 생각했다. 그런데 4차 산업혁명론은 이런 의미 있는 요구들과 잘 조화를 이루지 않는다. 한정된 재원을 가지고 몇몇 정보통신기술 발전에 '올인'을 할 경우 다른 분야가 소홀해지기 마련이다. 4차 산업혁명을 추진하는 관료의 힘이 더 커질 것도 당연하다. 일례로, 2017년 7월에 과학기술 연구에 대한 평가가 강화된다는 보도가 있었는데,[•] 지금도 온갖 종류의 평가가 연구를 옥죄고 있는 상황에서 연구의 자율적인 생태계를 조성한다는 문재인 정부에서 평가를 전담하는 '성과평가정책국'이 새로 생기는 것은 어디를 봐도 아이러니다.

합리적 사회를 위한 4차 산업혁명

4차 산업혁명론은 사회 속의 과학기술 전반이 아니라 특정 정보통신기술에 주목하게 하며, 이런 기술이 발전하면 산업이 발전하고 사회가 변할 것이라는 '기술결정론'식의 발전관을 피력하고 있다. 이런 소박한 기술결정론에 대한 비판은 워낙 많이 이루어져서 여기서 이를 재론할 필요는 없다.[•] 다만 4차 산업혁명을 화두로 띄운 세계경제포럼의 분석을 봐도, 우리가 국제 경쟁력에서 우위를 점하지 못하는 이유는 기술이 부족해서가 아니라, 다른 더 심각한 문제들이 많이 산재해 있기 때문이다. 세계경제포럼의 〈국제 경쟁력 보고서 2016~2017〉을 보면 우리나라의 국제 경쟁력은 26위로 나온다. 이 26위보다 훨씬 떨어지는 지표가 '정부

● "과학기술정보통신부는 새로 설치되는 '과학기술혁신본부' 밑에 '성과평가정책국' 등 기구를 보강해 국가 연구개발 사업에 대한 성과평가 정책 기능을 강화했다." 윤현기, 〈새 정부 조직개편 완료⋯중소기업벤처부·과기정보통신부 출범〉, 《데이터넷》(2017년 7월 26일).

규제(105위)', '정부 정책의 투명성(115위)', '기업 이사회의 유효성(109위)', '교육 시스템의 질(75위)', '관세 장벽(95위)', '노사협력(135위)', '고용-해고 과정(113위)', '실업수당(112위)', '용이한 대출(92위)', '은행 안전성(102위)' 등이다.▲

　일반적인 국가 경쟁력이 아니라 4차 산업혁명에 대비하는 기술 지표를 봐도 사정이 비슷하다. 세계경제포럼이 4차 산업혁명의 지표로 제시한 '네트워크 준비 인덱스'(2016)에 우리나라는 139개 국가 중 13위로 꽤 높은 순위를 점하고 있다. 이 평가 항목은 기술, 교육, 인프라에 대한 것들이 많은데, 여기에서도 13위 순위에 훨씬 못 미치는 평가 항목을 보면 '입법부의 효율성(99위)', '사법부의 독립성(69위)', '벤처캐피탈(86위)', '인터넷과 전화에서의 경쟁 구도(89위)', '교육제도의 질(66위)' 등이다. 기술을 발전시키면 세상이 변하는 것이 아니라, 그동안의 기술 발전에도 불

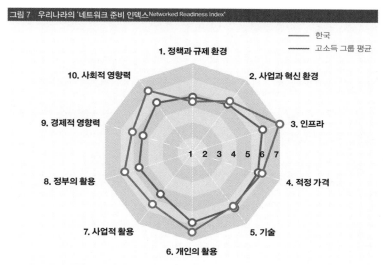

그림 7　우리나라의 '네트워크 준비 인덱스Networked Readiness Index'

139개 국가 중 13위다.

◆　기술결정론에 대한 하나의 논의로 홍성욱, 〈기술결정론과 그 비판자들 - 기술과 사회변화의 관계를 통해 본 20세기 기술사 서술 방법론의 변화〉, 《서양사연구》(제49집, 2013), 7-39쪽이 있다.

▲　Global Competitiveness Index, 2016-2017"

구하고 잔존하는 낙후된 사회-정치-경제 시스템이 더 괜찮은 사회-기술 시스템socio-technical system으로의 발전을 막고 있는 셈이다.●

　결국 우리가 고민해야 할 문제는 한국 사회 과학기술의 발전이 우리 사회의 후진적 요소들을 극복하고, 사회를 더 투명하게 만들고, 정부 및 민간 기관을 더 합리적이고 신뢰가 가는 것으로 만드는 사회적이고 정치적인 실천과 어떻게 결합시킬 수 있는가라는 문제이다. 과학기술의 발전은 사회와 무관하게 이루어지는 것이 아니라, 사회 속에서, 사회적 요소를 배태해가면서, 사회적 요소들을 변형하고 새롭게 만들어가면서 진행된다. 정보기술을 발전시키면 산업이 정보화되고 사회가 합리적으로 변하는 것이 아니라, 사회를 합리적으로 변하게 하려는 노력에 중점을 두는 방식으로 정보통신기술과 과학기술의 역할을 설정하고 조정해야 한다. 이는 단순히 '정치와 사회를 과학화해야 한다'는 상투적인 얘기가 아니라, 과학 후발국에서 과학기술과 사회가 공동 구성co-construction하는 관계에 있음을 인식하고, 과학적 사고를 문화의 한 부분으로 자리매김 하려는 다층적인 노력과, 과학적 전문성을 포함해서 건강한 시민사회에 요구되는 다양한 전문성에 대한 성찰을 포함한다. 구호만 요란한 지금의 4차 산업혁명론은 우리 사회가 한 단계 더 성숙해질 수 있는 이런 노력과 잘 어울리지 않는다.◆

● "Global Information Technology Report 2016"
◆ 4차 산업혁명에 대한 또 다른 비판으로 이광석 〈4차 산업혁명과 시민사회 주도형 기술 디자인〉, 《4차 산업혁명, 어디로? 기술사회의 비판적 상상력》(문화연대 토론회 발표 자료, 2017년 6월 28일)이 있다. 필자의 글은 2017년 8월 22일에 열린 한국과학기술한림원의 원탁토론회에서 발표되었고, 이후 과학비평잡지 《에피》의 창간호에 실렸다. 이 글은 이전의 원고를 조금 수정·보완한 것이다.

홍성욱

서울대학교 물리학과를 졸업하고 과학사 및 과학철학 협동과정에서 석사학위와 박사학위를 받았다. 1992년 미국 과학사학회에서 박사 과정 학생을 대상으로 수여하는 최우수 논문상인 슈만상을, 1996년에는 미국 기술사학회의 IEEE 종신회원상을 받았다. 캐나다 토론토 대학교 교수를 거쳐 2003년부터 서울대학교 과학사 및 과학철학 협동과정과 생명과학부 교수로 재직하고 있다. 과학사 분야를 비롯해 과학기술학Science and Technology Studies(STS) 분야에서 수많은 저서와 논문을 발표했다.

MIT에서 출판되어 호평을 받은 무선통신의 역사에 관한 책 《Wireless: From Marconi's Black-Box to the Audion》를 비롯해 《과학은 얼마나》, 《그림으로 보는 과학의 숨은 역사》, 《인간의 얼굴을 한 과학》, 《홍성욱의 STS, 과학을 경청하다》 등의 책을 펴냈으며 《융합이란 무엇인가》, 《인간·사물·동맹》, 《과학기술학의 세계》 등의 책을 엮었다. 2013년에는 토머스 쿤의 《과학 혁명의 구조》(4판)를 공역했다.

3장

오래된
깃발에는
무엇이
적혀 있었나

슬로건과 키워드를 통해 살펴본
'나라가 원한' 과학기술

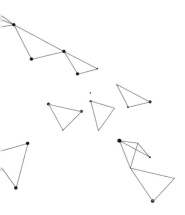

김태호 | 전북대학교 한국과학문명학연구소 교수

국가와 과학기술의 관계

소위 '4차 산업혁명'이라는 말에 던질 수 있는 비판적인 질문은 실로 여러 가지가 있을 것이다. 뭔가 큰 변화가 일어나고 있는 것은 맞느냐, 그 변화가 '혁명'이라는 이름에 걸맞은 것이냐, 네 번째가 맞긴 맞느냐, 예전에도 경천동지할 변화가 일어난다는 말은 많았는데 그것과 어떻게 다르냐는 등 여러 층위에서 이 이름의 적실성에 질문을 던질 수 있다.

그러나 이와 같은 질문에 대한 답을 기다리지도 않고, 4차 산업혁명이라는 밈meme은 이미 생명을 얻고 뚜벅뚜벅 제 길을 가고 있다. 그 본질이 무엇인지를 묻는 이들은 앞으로도 사라지지 않겠지만, 이미 4차 산업혁명이라는 이름으로 정부 기구가 생기고 예산이 잡혔으며, 이해관계로 얽힌 이들이 집단을 이루었다. 이들에게 4차 산업혁명은 자신의 존재 의의나 마찬가지이므로, 그 실체나 의미를 굳이 따지고 드는 것은 소용없을 뿐 아니라 어쩌면 위험할 수도 있는 일이다. 그런 맥락에서 그 실체가 무엇이든 '4차 산업혁명'이라는 이름의 무언가는 이미 한국에서 일어나고 있는 일이다.

이렇게 본질에 대한 논쟁은 제쳐둔 채 일단 깃발을 꽂으면 모두들 그리로 내달리는 풍경은 사실 그리 낯설지 않다. 역사를 돌이켜 보면, 과학기술자 사회의 요구가 아래에서 위로 올라가기보다는 국가가 과학기술의 목표를 제시하고 위로부터 아래로 자원을 조직해나가는 방식은 한국에서는 예외라기보다는 상례에 가깝다고 할 수도 있다.

국가가 앞장서서 깃발을 들고 과학기술을 동원하는 양상이 본질적으로 크게 달라지지 않았다면, 시대에 따라 달라진 것은 그 깃발에 쓰인 구호라고 할 수 있다. 그런 점에서 현재 선명하게 나부끼는 4차 산업 혁명의 깃발이 무엇을 뜻하는지 온전히 이해하기 위해서는, 과학기술에 관련된 과거의 슬로건과 키워드들을 돌아보는 것이 도움이 될 것이다. 슬로건과 키워드들은 당대의 현실을 반영하기도 했지만 대개 가까운 미래에 대한 전망과 그에 따른 바람을 반영하고 있다. 누가 왜 그와 같은 전망을 내놓았으며, 그것이 실제 한국 과학기술의 발전에 어떻게 영향을 미쳤는지 살펴보는 것은 결국 현대 한국에서 국가와 과학기술자 사회가 어떤 관계를 맺어왔는지에 대한 성찰이기도 하다.

발명: '과학기술'이 꿈으로만 존재하던 시절의 구호

한국이 독립된 국가를 이루고 중앙정부가 과학기술을 육성하던 시절로만 이야기를 국한할 수도 있지만, 그 앞 이야기로서 일제강점기에 지식인 사이에 퍼져 있던 과학기술에 대한 이미지를 살펴볼 필요가 있다.

조선총독부는 한반도에 독자적인 고등교육이 필요하지 않다는 입장이었으므로 과학기술의 진흥에도 대단히 소극적이었다. 화학자 이태규(1902~1992)가 1931년 교토제국대학에서 이학박사학위를 받았을 때, 《동아일보》가 사설로 그 '사건'을 축하하면서 과학기술 고등교육에 소극적인 총독부의 정책을 강하게 비판했을 정도였다.[•] 따라서 이 시기에는 국가(또는 식민지배층)가 제시한 과학기술의 구호라고 할 만한 것은 없었다. 전쟁이 격화된 1940년대에는 신문지상에 '과학' 또는 '과학기술'이라는 말이 간간이 등장하기는 하지만, 그것은 "비타민A를 많이 먹으

● 〈학자 배출: 학계의 성사〉, 《동아일보》(1931년 7월 21일).

면 야간에도 시력이 좋아져서 적기를 탐지할 수 있다."는 식으로 전쟁에 사람들을 동원하기 위한 선전에 불과했으므로 과학기술의 진흥과는 역시 거리가 멀었다.●

과학기술에서 '국가'의 자리가 사실상 비어 있던 시절, 과학기술의 이미지를 주도적으로 형성한 것은 식민지 지식인들이었다. 대부분 문과 계열이었던 조선인 엘리트들은 비록 과학기술에 대한 이해 수준은 그다지 높지 않았지만, 과학기술이 민족의 장래에 중요하다는 사실은 매우 잘 알고 있었으며, 또한 당시 한반도의 과학기술 역량이 보잘것없다는 사실도 잘 알고 있었다. 과학기술을 하루빨리 진흥해야 한다는 당위와 막상 과학기술 수준을 높일 수 있는 수단은 별로 없다는 현실 사이에서, 조선인 엘리트들은 '발명'이라는 키워드를 일종의 절충안으로 찾아냈다. 선진적인 과학기술을 교육하거나 연구하는 것은 당시 한반도 상황에서 기대하기 어려운 일이었지만, 자기 주변을 주의 깊게 관찰하고 생활을 편리하게 바꿀 수 있는 작은 궁리들을 쌓아나가는 발명 활동은 비록 과학기술의 기반이 갖추어져 있지 않더라도 할 수 있는 일이었기 때문이다.

발명에 대한 이야기가 사실상 과학기술 담론의 자리를 차지하게 된 것은 1920년대 이후 한국 역사에 대한 재인식에 힘입은 것이기도 하다. 일제강점기 초에는 나라를 잃은 슬픔이 "왜 우리는 서양이나 일본과 같은 과학기술을 갖지 못했는가?"라는 자탄으로 이어졌지만, 시간이 흐르면서 사실은 우리가 가진 게 없는 게 아니라는 생각이 퍼져 나가기 시작했다. 최남선(1890~1957)과 같은 영향력 있는 문사들이 앞장서서 거북선, 고려청자, 금속활자 등 한반도에서 세계 최초로 발명된 것들의 목록

● 〈방공과 비타민의 관계〉, 《매일신보》(1944년 3월 4일).

을 추리고, 그것을 통해 민족의 자존심을 회복하고자 했다. 이는 비록 근대 과학기술을 받아들이는 데는 일시적으로 뒤처졌지만 과학기술의 전통이 있으므로 곧 따라잡을 수 있을 것이라는 긍정적 메시지를 전하고자 한 것이다.◆

공학자 김용관(1897~1967)이 1924년 '발명학회'를 창설하고 과학 대중화 운동을 벌인 것도 이 맥락에서 이해할 수 있다. 발명학회의 주요 사업은 잡지《과학조선》을 펴내고 '과학데이'를 제정하여 과학 강연회 등 다양한 행사를 통해 과학기술에 대한 대중의 관심을 환기하는 것이었다. 1935년 두 번째 과학데이 행사에서 선보인 〈과학의 노래〉는 "새 못되어 저 하늘 날지 못"하던 인간이 "프로펠러 요란히 도는 오늘날" 마음대로 하늘을 날 수 있다며 "과학 과학 네 힘의 높고 큼이여"라고 과학기술의 힘을 칭송했다.▲

새 못되야 저 하늘 날지 못노라
그 옛날에 우리는 탄식했으나
프로페라 요란히 도는 오늘날
우리들은 맘대로 하늘을 나네
(후렴)
과학 과학 네 힘의 높고 큼이여
간데마다 진리를 캐고야 마네

적은 몸에 공간은 넘우도 널고

◆ Jung Lee, "Invention without Science: 'Korean Edisons' and the Changing Understanding of Technology in Colonial Korea," *Technology and Culture* 54(2013), pp. 782–814.

▲ 임종태, 〈김용관의 발명학회와 1930년대 과학운동〉, 《한국과학사학회지》(17호, 1995), 89~133쪽.

이 목숨에 시간은 끝없다 하나
동서남북 상하를 전파가 돌며
새 기별을 낱낱이 알려주거니

두다리라 부시라 헛된 미신을
이날 와서 그 뉘가 미들 것이랴
아름답은 과학의 새론 탐구에
볼지어다 세계는 밝아지거니[●]

또한 《과학조선》의 표지에는 오늘날 좁은 의미의 과학자로는 잘 분류하지 않는 에디슨의 초상이 실리기도 했다. 이처럼 발명학회의 활동 안에서 발명과 과학과 기술이라는 세 가지 범주는 오늘날과는 달리 명확하게 분리되지 않고 뒤섞여 있었다. 하지만 이에 문제를 제기하는 목소리는 없었다. 어떤 의미로는, 이와 같은 모호함은 다분히 의도적으로 용인된 것이기 때문이었다. 과학기술자 집단도 형성되어 있지 않고 과학기술을 교육하거나 연구하는 기관도 없는 현실에서, 민족의 과학기술적 잠재력을 보여주는 '증거'로 발명을 강조하는 것은 현실적으로는 다른 대안이 없는 타협이기도 했다.

원자력: 1950년대 과학기술을 짊어진 이름

광복 후에도 과학기술의 기반을 닦는 일은 쉽지 않았다. 국내외에서 활

● 홍난파 작사, 〈과학의 노래〉; 박성래, 《인물 과학사 1: 한국의 과학자들》(책과함께, 2011), 580~581쪽에서 재인용.

동하던 과학기술자들은 광복 직후부터 분과별로 학회를 조직하고 일본
인 교수와 학생이 물러난 고등교육기관을 접수하여 정상화하는 등 새
로운 나라에 어울리는 과학기술 체제를 갖추기 위해 노력했다. 그러나
좌우 대립이 분단과 전쟁으로 이어지면서 이러한 노력은 충분한 결실을
거두지 못했다. 절대적으로 부족했던 과학기술자들이 남과 북으로 쪼
개지면서 과학기술계의 역량도 분산되고 말았다.◆

　이렇게 열악한 상황에서 1950년대 한국(남한) 과학기술계의 가장 중
요한 과제는 과학기술 고등교육을 안정적으로 유지할 수 있는 최소한의
기반을 확보하는 것이었다. 그러나 한국전쟁의 참화가 채 가시지 않은
형편에서 과학기술 교육을 위해 투입할 자원은 턱없이 부족했다. 여기
에 예기치 않은 도움이 된 것이 미국이 전개한 '평화를 위한 원자력Atoms
for Peace' 사업이었다. 이 사업은 원래 구 소련의 원자폭탄 개발로 미국의
핵무기 독점이 깨지자 원자력의 평화적 이용을 내세워 제3세계에서 미
국의 도덕적 우위를 확보하기 위해 추진된 것이었다. 구체적인 사업 내

그림 1　미국의 평화를 위한 원자력 사업의 심벌

◆　김근배, 〈월북과학자와 흥남공업대학의 설립〉, 《아세아연구》(40호,
1997), 95-130쪽; 홍성주, 〈해방 초 한국 과학기술정책의 형성과
전개〉, 《한국과학사학회지》(32호, 2010), 1-42쪽.

용은 개발도상국의 기술자들에게 농업, 공업, 의료 등에 당장 응용할 수 있는 방사선 응용 기술이나 동위원소 추적자의 활용법 등을 가르쳐주고 관련 장비 등을 지원하는 것이었다.●

미국의 기본 구상에는 기초과학 분야의 교육을 지원하는 내용은 담겨 있지 않았다. 그러나 '평화를 위한 원자력' 사업을 위한 미국의 재정 지원이 당시 한국에서는 과학기술의 전 분야를 통틀어 유일한 연구개발 재원이나 마찬가지였으므로, 한국의 과학기술자들은 이것을 여러 방향으로 활용했다. 원자력을 활용한 농학 연구나 의학 연구를 위한 예산은 단지 농학자와 의학자에게만 혜택을 준 것이 아니라 화학, 물리학, 생물학을 연구하는 이들에게도 귀중한 재원이 되었다. 자연히 원자력 관련 사업을 관장하는 원자력원은 1959년 설립된 뒤 과학기술 정책(그렇게 부를 만한 것이 있었다면)의 중심이 되었다. 1967년 과학기술처가 설립되기 전까지 원자력원은 대한민국 정부에서 과학기술 연구를 지원하는 유일한 부처로 사실상의 사령탑 역할을 했다.◆

이처럼 원자력이 1960년대 중반까지 과학기술 관련 사업의 대명사 노릇을 하다 보니 정부 또는 대중 차원에서 과학기술의 이미지도 원자력과 관련된 것이 많았다. 이른바 '제3의 불'이라는 원자력 발전의 별칭도 매체를 통해 널리 알려졌고, 한국 최초의 원자로 TRIGA Mk-II가 가동을 개시했을 때의 휘장에는 첨성대와 원자 모형의 그림이 함께 들어가 있었다.▲

하지만 원자력 사업을 기회 삼아 과학기술 연구를 지원하는 것은 궁여지책이었을 뿐 아니라 마냥 지속할 수도 없는 일이었다. 국가가 과학기술의 발전을 주도하기 위해서는 그보다 더 야심찬 계획을 내놓고 과

● 김성준, 《한국 원자력 기술 체제 형성과 변화》(서울대학교 대학원 박사학위논문, 2012).

◆ 원자력청, 《원자력청 10년사》(원자력청, 1969); 한국원자력연구소, 《한국 원자력 20년사》(한국원자력연구소, 1979); 한국원자력연구소, 《한국원자력연구소 삼십년사》(한국원자력연구소, 1990) 등.

그림 2 한국 최초의 원자로 TRIGA Mk-II

출처 | 국가기록원

학기술자들을 조직해나가야 했다. 국가의 비전과 과학기술자를 아우르
는 조직이라는 두 가지 조건은 모두 1960년대 후반 이후 눈에 보이는 형
태를 갖추게 되었다.

과학, 기술, 산업의 모호한 경계

"순수과학의 성과가 응용과학이나 기술로, 그 성과가 다시 산업으로 이
어진다."는 이른바 선형linear 발전 모형은 보편적 진리일 것처럼 들린다.
하지만 이 모형은 20세기 초반 미국이라는 독특한 환경에서 정립된 것
이고, 그것이 효과적으로 작동하는 것처럼 보이는 사례도 20세기 초반
에서 중반의 미국을 벗어나면 사실 찾아보기 쉽지 않다. 산업혁명기의
영국이나 20세기 중후반 신흥 공업국의 사례는 오히려 과학과 기술과

▲ John P. DiMoia, "Atoms for Sale? Cold War Institution-
    Building and the South Korean Atomic Energy Project,
    1945-1965," *Technology and Culture* 51(2010), pp. 589-618.

산업이 서로 별개로 발전한다는 것을 보여주거나, 심지어 산업이나 기술이 먼저 발달하고 그것이 과학을 끌어올리는 것을 보여주기도 한다.*

그럼에도 많은 사람들은 여전히 기술과 산업의 발전은 과학 발전을 발판삼아 이루어진다고 여기고 있다. 또는 과학과 기술과 산업이라는 범주를 애써 구분하지 않고, 하나가 발전하면 다른 것도 함께 성장할 수 있으리라고 믿기도 한다. 이와 같은 모호성은 사실 순수 또는 기초 영역의 과학기술자들이 바라는 것이기도 하다. 오늘날까지도 한국에서 순수(기초)과학을 지원하는 가장 큰 명분은 그것이 언젠가는 막대한 산업적 가치를 창출할 수 있다는 기대이기 때문이다.

과학기술이 경제 성장의 원동력이 될 것이라는 믿음, 나아가 같은 맥락에서 과학과 기술과 산업을 굳이 구별하지 않는 느슨한 인식은 1960년대 급속한 경제 성장 과정에서도 마찬가지로 발견할 수 있다. 이것은 개인뿐 아니라 국가도 공유한 인식이었기 때문에 더욱 영향력이 컸다. 일례로 1968년에 발행된 '과학기술의 진흥'이라는 제목의 우표에는 산업 생산을 통한 물질적 풍요를 과학기술과 등치시키는 당시의 관념이 그대로 드러나 있다. 원자 모형이 상징하는 기초과학 연구와 기계공업, 농업, 수산업 등의 산업 기술이 자연스럽게 함께 담겨 있는 모습은 과학기술의 발전이 경제 성장으로 그대로 이어질 것이라는 당대의 믿음을 반영하고 있다.

과학기술을 경제 발전을 위한 도구로 간주하는 국가의 시선은 1970년대 들어 더욱 구체적인 형태를 굳혀갔다. 1973년 발표된 〈과학의 노래〉(앞서 소개한 발명학회의 〈과학의 노래〉와는 다르다.)의 가사는 당시 국가가 '과학'이라는 기표로 '경제'라는 기의를 가리키고 있었음을 여실히

---

* 홍성욱, 〈과학과 도제徒弟 사이에서: 19세기 영국의 공학교육─전기 공학에서의 실험실 교육을 중심으로〉, 《한국과학사학회지》(27호, 2005), 1-31쪽.

보여준다. 같은 맥락에서 박정희가 1976년 한국 과학기술연구원KIST에
써준 "과학입국, 기술자립"이라는 휘호는 사실상 동어반복이다. '과학'
과 '기술'도 구별되지 않고 '입국'과 '자립'도 구별되지 않기 때문이다.

1. 과학 하는 마음으로 능률 있게 일하고
   사람마다 손에 손에 한 가지씩 기술 익혀
   부지런한 하루하루 소복소복 부는 살림
   세상에 으뜸 가는 복된 나라 이루세
2. 과학으로 이치 찾아 새로운 것 발명하고
   겨레의 슬기 모아 산업 크게 일으켜서
   천 불 소득 백 억 수출 무럭무럭 크는 국력
   세상에 으뜸 가는 힘 센 나라 이루세
3. 과학 하는 국민으로 기술 가진 국민으로
   살림살이 늘려 가고 산업 크게 일으키면
   나라의 힘 용솟음쳐 다가오는 평화 통일
   세상에 으뜸 가는 민족 중흥 이루세

'과학'이 '산업'이나 심지어 '경제'와 등치되는 이러한 용례는 농업 분야에서도 두드러졌다. 1970년대 활발히 전개된 새마을운동이나 통일벼 재배 운동은 하나같이 '과학 영농'이라는 말을 전면에 내세웠다. 그런데 〈과학의 노래〉에서 과학이 뜻하는 것이 "1000불 소득 100억 수출"이었듯이, '과학 영농'이 뜻하는 것도 사실상 '팔기 위한 생산'이었다. 과거 쌀 위주의 자급자족형 농업에서 벗어나 환금성 있는 상품작물을 재배하거나 축산을 병행하는 것이 과학 영농의 모범 사례로 소개되곤 했다.◆ 이와 같은 국가의 비전에 호응하지 않는 농민은 단순히 정부에 비협조적이라는 것이 아니라 '과학'을 받아들이지 않고 인습에 얽매여 있다고 공격을 받았다.◆

국가는 상징적인 차원에서만 과학기술을 동원한 것이 아니라 현실의 과학기술자들을 실제로 동원하고자 했다. 1966년 설립한 KIST는 산업

그림 4 박정희의 휘호

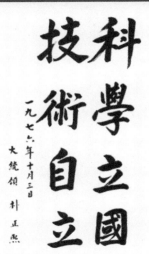

● 대통령비서실, 〈우리농촌은 어떻게 달라지고 있는가?〉(국가기록원 대통령기록물, 철번호 EA0005620, 건번호 0001, 1974).

에 응용할 수 있는 연구 성과를 내고 그에 대해 기업으로부터 보수를 받는 운영 형태를 지향했다.◆ 그리고 1973년 벽두부터 대규모로 전개된 '전 국민의 과학화운동'은 국민의 계몽을 위해 정부 관계자뿐 아니라 상아탑에 머물러 있던 과학기술자들이 적극적으로 나설 것을 요구했다.

박정희 정부가 언제나 동원을 주요 통치 수단의 하나로 삼았던 점을 생각하면 과학기술을 주제로 한 동원도 그 연장선상에서 일어난 일일 뿐 크게 새로울 것은 없어 보이기도 한다. 하지만 주목할 것은, 1970년대에는 과학기술계가 적극적으로 국가의 동원 요구에 호응하고 나섰다는 점이다. 심지어 '전 국민의 과학화운동'이 시작되기도 전인 1972년 한국과학기술단체총연합회(과총)는 '새마을기술봉사단' 운동을 개시했다. 이는 대학이나 연구소의 과학기술 전문가들이 팀을 짜서 농어촌 마을을 방문하여 마을 공동체가 해결해야 하는 기술적 문제에 대한 조언을 해주는 사업이었다. 이것은 이듬해 '전 국민의 과학화운동'이 시작되면서 자연히 그 한 갈래로 편입되어버리기는 했지만, 과총이 먼저 움직였다는 점은 눈여겨 볼만하다.■ 이전에 원자력원의 설립과 운영 과정에서 과학자들이 국가의 실용적 요구에 관심이 없고 순수 연구에만 치중한다고 관계 공무원들이 불만을 터뜨렸던 것과 비교하면 불과 10여 년 만에 상당히 큰 폭의 태도 변화가 일어난 것이다.★

과학기술계(또는 그 대표 조직을 이끄는 저명한 과학기술자들)가 이렇게 국가의 동원에 적극적으로 협조하기 시작한 것은, 그것이 과학기술계에 더 많은 지원을 가져다주리라는 공감대가 확산되었기 때문이다. 국가

◆   김태호, 〈'과학영농'의 깃발 아래서: 박정희 시대 농촌에서 과학의 의미〉, 《역사비평》(119호, 2017), 270–301쪽.

▲   문만용, 〈KIST에서 대덕연구단지까지: 박정희 시대 정부출연연구소의 탄생과 재생산〉, 《역사비평》(85호, 2008), 262–289쪽.

■   이영미, 〈1970년대 과학기술의 '문화적 동원': 새마을기술봉사단 사업의 전개와 성격〉(서울대학교 대학원 석사학위논문, 2009).

★   김성준, 《한국 원자력 기술 체제 형성과 변화》(서울대학교 대학원 박사학위논문, 2012).

의 지원 여력 자체가 제한되어 있던 1950년대에 비해서, 박정희 정권기에는 과학기술처와 KIST의 설립을 비롯하여 과학기술의 연구를 뒷받침할 제도가 모습을 갖추기 시작했다. 그리고 1970년대에는 중화학공업화 정책이 추진되면서 과학기술계 인력의 취업 기회도 대폭 확대되었다. 이와 같은 환경의 변화는 과학기술자들로 하여금 수동적으로 동원되는 객체를 벗어나 적극적으로 자신들에게 유리한 환경을 창출하고 확대하기 위해 움직이게끔 만들었다.

이러한 적극적인 움직임은 때로 국가 동원의 외피 아래 자신들의 이익을 극대화하려는 대담한 시도로 이어지기도 했다. 1979년 5월, 과학기술처는 '전 국민의 과학화운동'을 한층 더 확대하여 '새마을운동 제2단계'로 발전시켜나가야 한다는 주장을 폈다. 기존 새마을운동이 근면, 자조, 협동을 통해 농촌을 잘 살게 만드는 운동이었다면, 제2단계의 새마을운동은 '합리, 능률, 창조'를 통해 도시에서 벌어지는 '슬기롭게 살기 운동'이라는 것이다. 과학기술처는 도시의 과학기술인들이 이 운동의 주체가 되어 '사고의 합리화', '생활의 과학화', '기술의 대중화'를 목표로 운동을 벌일 수 있다고 주장했다.[●] 이러한 대담한 제안은 1979년 4월 13일의 종합과학기술심의회에서 확정된 '전 국민 과학화운동 기본계획'에 호응하여, 과학기술계의 활동 영역을 극대화하려는 구상에서 비롯된 것이었다. 이 '기본계획'에는 생활과학 책자 발간, 과학신문 발간, 학생 발명 경진대회의 실시 등 과학 대중화 성격을 지닌 사업 외에도 대학에 생활과학과와 농업기계과를 설치한다든가 과학고등학교를 설립하는 등 과학기술계의 이해관계와 직결되는 정책들도 포함되어 있었다. 과학기술자들이 국가의 동원을 기다리는 처지에서 벗어나 자신들의 요구

● 과학기술처, 〈전 국민 과학화운동을 위한 정부 시책〉, 《과학과 교육》
　(1979년 5월), 23쪽.

사항을 끼워 넣기 시작한 것이다.

'프랑스 시집' 대 '1인 1기'

하지만 박정희 정부가 동원할 수 있었던 과학기술 인력이 상아탑의 과
학기술자들만은 아니었다. 최형섭과 오원철을 비롯한 기술 관료(테크노
크라트)들이 대학과 연구소의 과학기술자들을 조직해 정부와 협력적 관
계를 형성하는 데 성공했지만, 박정희의 독재적 성향이 노골적으로 드
러나면서 박정희와 대학 교수나 지식인 집단의 관계는 매끄럽게 유지
될 수만은 없었다. 사실 박정희는 집권 초기부터 인문적 지식인들은 사
회에 실질적인 도움이 되지 않는 존재라는 자신의 선입견을 숨기지 않
았다. 5·16 군사정변에 대한 사후 정당화 시도이자 박정희 자신의 정치
구상을 공표하는 장이 되었던 책자《국가와 혁명과 나》(1963)의 뒷부분
에는 박정희가 직접 지은 시가 실려 있다. 다소 맥락 없이 삽입되어 있는
이 시에서 박정희는 "돌아가는 기계 소리를 노래로 듣고" 땀을 흘릴 것
을 촉구하면서, "이등 객차에 불란서 시집을 읽는 소녀"를 땀 흘려 일하
는 이들과 대비시켜 "나는 고운 네 손이 밉더라"고 비난하고 있다.◆

　〈국민교육헌장〉(1968)에 "능률과 실질을 숭상하고"라는 문구가 들어
간 것이나, 앞서 소개한 〈과학의 노래〉(1973)에서 "사람마다 손에 손에
한 가지씩 기술 익혀"라고 표현했듯 '1인 1기'가 교육의 중요한 이념으로
부각된 것들도, 육체노동을 중시하고 인문적 지식인들에게 적대적이었
던 박정희의 개인적 성향과 무관하지 않을 것이다. 최고 통치자의 개인

◆　박정희, 《국가와 혁명과 나》(향문사, 1963), 270-271쪽.

적 성향이 국가의 정책을 좌우하는 데는 한계가 있겠으나, 마침 한국 경제가 급속도로 성장하면서 산업 현장의 노동력 수요도 급속도로 팽창하던 때였으므로 빨리 그리고 많이 '산업 역군'을 양성하는 것은 국가적으로도 중요한 과제가 되었다.

정권의 실력자 김종필의 주도 아래 한국 정부가 1967년부터 국제기능경기대회(일명 '기능올림픽')에 적극적으로 참가한 것도 이러한 맥락에서 이해할 수 있다. 국제기능경기대회는 원래 스페인이 내전의 상처를 극복하는 과정에서 시작된 지역 행사였으나, 급속한 경제 성장을 누리던 동아시아 국가들이 자신들의 역량을 과시하기 위해 거국적으로 참여하면서 명실상부한 국제 행사로 성장하게 되었다. 김종필은 일본이 1962년부터 이 대회에 참여하여 유럽 국가들을 압도하며 좋은 성적을 거두고 있던 것에 주목하고, 이를 한국의 산업 인력 양성 정책에 대한 관심을 환기하는 계기로 이용하고자 했다. 그는 1966년 '국제기능경기대회 한국위원회'를 설립하고, 스스로 회장에 취임하는 한편 각계의 요인들을 위원회에 참여시켜 위원회의 위상을 높였다.[*] 이와 같은 국가적 지원에 힘입어 한국 '선수단'은 국제기능경기대회에서 매우 우수한 성적을 거둘 수 있었고, 개선한 선수들은 군중의 환호 속에서 김포공항부터 서울시청 앞 광장까지 차량 행렬을 벌였다. 그리고 이런 환영 행사를 직접 또는 신문과 방송을 통해 본 사람들은 국가가 몸으로 익힌 실용적 기술을 높이 사고 있다는 인상을 공유하게 되었다.

그러나 박정희의 개인적 선호나 국가의 정책 우선 순위에도 불구하고, 숙련된 육체노동에 대한 사회적 인식은 크게 높아지지 않았다. 기술공 또는 기능공으로서 전문성을 쌓아 중산층에 진입한 이들도 적지 않

● 〈기능'올림피크' 한국위원회 발족〉, 《경향신문》(1966년 1월 31일), 5면.

았지만, 박정희 정권기에 한국 경제가 급속도로 성장하면서 그보다 더 사회적 인식이 좋은 일자리들이 많이 생겨나기도 했기 때문이다. 한편으로는 수출 증대와 그를 통한 경제 성장의 여파로 관련 기업의 사무직 일자리가 크게 늘어났고, 다른 한편으로는 이공계 안에서도 기술공이나 기능공보다 고급 인력에 해당하는 석박사급 전문 기술자의 수가 크게 늘어났다. 박정희 정부의 인력 양성 정책이 숙련된 기술이 있으면 굳이 대학에 가지 않고도 좋은 직장에 갈 수 있게 하는 것이었음에도 한국 사회의 급격한 경제 성장은 오히려 대학을 나온 인재에 대한 수요를 더 키웠다. 정부에서 야심차게 육성한 공업고등학교들은 1970년대에는 우수한 학생을 끌어들일 수 있었지만, 강력한 후원자였던 박정희가 사망한 뒤에는 그 위상의 추락을 피할 수 없었다.◆

'유전공학'과 '정보화 사회'라는 장밋빛 미래

1980년대는 군부 출신들이 권위주의적 통치 행태를 지속했다는 점에서 흔히 박정희 시대의 연장선으로 인식되곤 한다. 그러나 적어도 과학기술과 과학기술 담론이라는 영역에서 1980년대는 1970년대와 불연속적인 면을 많이 드러낸다. 1950년대에는 과학기술 슬로건이라고 할 만한 것이 사실상 없었고, 1960년대와 1970년대에는 경제 성장의 도구로서 과학기술이 중요하다는 일반론들이 여러 가지로 형태를 바꾸어 슬로건이 되었다면, 1980년대 이후의 슬로건은 상당히 구체적인 대상을 지칭하는 쪽으로 바뀌어갔다. 이는 과학기술 정책을 만들어내는 과정

◆ 김태호, 〈갈채와 망각, 그 뒤란의 '산업 전사'들: '국제기능경기대회'와 1970~80년대의 기능인력〉, 《역사문제연구》(36호, 2016), 103–148쪽.

에서 과학기술자들이 참여하여 그들의 구체적 요구를 정책에 반영할 수 있는 구조가 형성되었기 때문이다.

이렇게 구체화된 1980년대식 슬로건의 대표적인 예를 들자면 '유전공학'과 '정보화 사회'일 것이다. 유전공학이라는 말 자체가 1980년대에 만들어진 것은 아니지만, 이것이 '포마토'와 같은 이미지들을 통해 대중에게 친숙하게 다가온 것은 1980년대의 일이었다. 포마토는 1978년 독일에서 개발한 작물로, 감자와 토마토가 같은 가짓과에 속한다는 점에 착안해 두 가지 세포를 융합하여 뿌리에는 감자가, 열매에는 토마토가 열리도록 만든 것이다. 일부 언론은 '인구 폭발에 따른 식량 위기를 해결할 수 있는 기술'이라고 호들갑을 떨었지만, 이것은 실제로 농사에 이용되는 기술이었다기보다는 유전공학이 구체적인 성과를 낼 수 있다고 시연하는 기술에 가까웠다. 그럼에도 국내에 포마토가 널리 알려지고 대중 과학 잡지와 각급 학교의 과학 포스터에 단골로 등장하는 소재가 된 것은, 1981년부터 유전공학이 국가 과학기술 정책의 주요 과제 중 하나로 선정되었기 때문이다.

전두환 정부는 박정희 정부와 구별되는 과학기술 정책을 펼치고자 했고, 생명과학 분야의 연구자들은 그 기회를 놓치지 않고 당시 세계적인 유행이 시작된 유전공학 연구 대열에 동참해야 한다는 주장을 폈다. 이렇게 양자의 이해가 맞아 들어가면서 유전공학 관련 연구 사업에 대한 정부 지원도 확대되었고 대학에는 유전공학 관련 학과들의 신설이 이어졌다. 그와 궤를 같이 하여 유전공학이 과학기술자뿐 아니라 대중에게도 친숙한 단어가 되었던 것이다.•

정보화 사회라는 말이 유행한 데에도 전자공학과 정보공학 분야의

• 신향숙, 〈1980년대 유전공학육성법의 출현:과학정치가와 다양한 행위자들의 피드백〉,《한국과학사학회지》 31권 2호(2009).

요구가 밑바탕에 깔려 있었다. 컴퓨터가 세상을 바꿀 것이라는 이야기들이 서구권 유학의 경험이 있는 학자들을 통해 국내에도 소개되었고, 이들이 국가 과학기술 정책의 우선순위를 정할 때 정보화 사회에 대비한 연구들의 필요성을 역설한 것이다. 정보화 사회에 대한 언론의 관심도 높아져서, 미래학자 앨빈 토플러Alvin Toffler의 《제3의 물결》은 1980년 미국에서 출간되자마자 국내 언론에 주요 내용이 소개되었다. 이런 분위기에서 대중들 사이에도 미래 사회를 대비하기 위해 컴퓨터를 배워야 한다는 생각이 확산되었다. 미국에서 개인용 컴퓨터 '애플 II'가 유행하면서 한국에서도 개인용 컴퓨터들이 선을 보였고 서서히 시장이 형성되기 시작했다. 기계식 타자기의 보급과 함께 전국에 자리를 잡은 타자학원들은 '타자 컴퓨터 학원'으로 이름을 바꿔 달고 컴퓨터 사용법을 가르치기 시작했다.

유전공학과 컴퓨터라는 두 분야는 내용 면에서는 거리가 멀어 보이지만, 당시 한국 사회에서 이 두 가지가 주요 과제로 부각된 데에는 공통의 이유가 있다. 우선 이 두 분야는 산업과 밀접하게 연결되어 있어 응용 가능성이 높고 국민 경제에 직접적인 영향을 미칠 수 있는 분야였다. 또한 이 두 분야는 당시 서구 사회에서도 새롭게 형성되어가는 분야였기 때문에, 후발 주자가 진입하는 것을 가로막는 장벽이 상대적으로 낮았고, 한국이 과감한 투자를 통해 강력한 연구자 집단을 형성한다면 국제적 추세를 따라잡는 것도 기대할 수 있었다.

이처럼 국가가 제시하는 과학기술의 슬로건은 조금씩 구체적인 모습을 갖추기 시작했고, 그 배경에는 정책 결정 과정에 영향을 미칠 수 있는 핵심 과학기술자 집단이 있었다.

'이공계 위기'와 '인터넷 코리아'

정보화 사회라는 말이 유행하면서 시작된 컴퓨터 열풍은 점점 거세졌다. 개인용 컴퓨터의 성능은 날이 갈수록 빠르게 향상되었고, 고립되어 있던 컴퓨터들이 네트워크를 통해 연결되면서 그 활용도도 비약적으로 높아졌다. 거기에다 예기치 못한 사회적 압력이 보태지면서, 1990년대 말에는 '인터넷'이 가장 중요한 키워드가 되었다.

고도 성장기의 한국에서 과학기술계는 지속적으로 규모를 키워나갔고, 과학기술자에 대한 처우도 꾸준히 좋아졌다. 이를 반영하듯 1990년대 중반까지 최상위권 대학 또는 연구소에 소속된 과학기술자와 공학자들은 상당히 자부심이 높았다. 요즘은 의대와 이공계 학과의 위상을 비교하기도 민망하지만, 1990년대에는 서울대학교 입학 시험에서 정원 270명의 거대 학부였던 전기전자제어계측공학부가 정원 190명인 의예과보다 커트라인이 높았던 적도 있다.

그러나 1997년 외환위기를 계기로 국제통화기금(IMF)이 한국 기업의 구조조정을 요구하자, 대기업의 부설 연구소에서 근무하던 이공계 인력은 가장 먼저 희생양이 되었다. 고등학교에서 같은 이과를 거쳤더라도 독립 사업자가 된 의사와 한의사 등은 경제 위기를 그럭저럭 헤쳐나갈 수 있었던 데 비해, 피고용인의 입장을 벗어날 수 없는 기업의 연구원들은 감원의 바람을 피해갈 수 없었다. 그 여파로 이후 몇 해 동안 대학 이공계 학과의 입시 경쟁률과 커트라인이 크게 떨어졌고, 이런 현상은 '이공계 위기'라는 이름이 붙어 심각한 사회 문제로 받아들여졌다.

이공계 위기의 발단이 된 것도 외환위기와 그에 따른 경제 침체였지만, 그 해결책으로 새로운 정부가 제시한 것도 과학기술을 통한 신산업 육성이었다는 점은 흥미롭다. 경제 침체에 대한 전 정부의 책임을 물으며 정권 교체에 성공한 김대중 정부는 위기 극복을 위해 '인터넷 코리아'를 내세웠다. 인터넷 연결을 위한 최소한의 성능을 갖춘 '인터넷 PC'를 보급하고, 가가호호 인터넷 서비스를 개통하여 궁극적으로는 정보통신 관련 산업 전반을 팽창시켜 새로운 일자리를 창출하겠다는 구상이었다.

이와 같은 부양책은 어느 정도 성과를 거두어서, 2000년대 초반 한국은 초고속 인터넷 보급률에서 세계를 선도하게 되었다. 통신망 구축, 통신 서비스, 포털 사이트, 게임 개발과 서비스에 이르기까지 정보통신에 관련된 새로운 직종의 일자리도 많이 창출되었다. 하지만 '인터넷 코리아'가 대학에서 문제가 되었던 '이공계 위기'를 해결할 수 있었을까? 구제금융의 조건으로 IMF가 내걸었던 것들은 모두 신자유주의적 제도 개편이었고, 그 결과 새롭게 생겨난 일자리들은 높은 노동 강도와 높은 불안전성을 특징으로 삼고 있었다. 김대중 정부의 정보통신진흥정책에 의해 새롭게 생겨난 일자리들도 이전의 이공계 일자리에 비해서 노동 강도는 높았고 대부분 계약직이거나 비정규직 등 경제 위기 이후에 새롭게 등장한 고용 형태에 의존했다. 어떤 의미에서는, 세기말의 경제 위기는 국가가 제시하는 슬로건마저도 신자유주의의 흐름에서 벗어날 수 없음을 드러내는 계기가 되었다.

그리고, 다시 4차 산업혁명

이렇게 1980년대에 형성된 과학기술의 이미지는 조금씩 모습을 다듬어 가면서 오늘날까지도 살아남아 있다. 포마토를 앞세웠던 유전공학은 이 제는 무균 실험실에서 마이크로피펫을 다루는 과학자들의 이미지를 앞 세워 '바이오테크놀로지'라는 이름으로 건재하다. 생명공학을 육성하 여 세계를 선도하겠다는 정부의 욕심은 황우석 사태라는 희대의 스캔 들을 낳기도 했다. 그리고 정보화 사회는 인터넷 코리아를 거쳐 바야흐 로 '4차 산업혁명'이라는 희대의 유행어로 진화했다.

서두에 언급했듯, 4차 산업혁명이 실체가 있느냐 없느냐 하는 논쟁은 더 이상 의미가 없을지도 모른다. 그 이름에 기대어 돈이 움직이기 시작 했고 앞으로 더 많은 돈이 움직이며 수많은 연구자들의 삶을 좌지우지 할 것이기 때문이다. 그런 점에서 "슈밥이 말한 4차 산업혁명이 원래 무 슨 뜻이었는가?"와 같은 질문도 사실은 큰 의미가 없다. 한국의 4차 산 업혁명은 이미 독자적인 생명을 얻어 움직이는 개념이 되었기 때문이다.

우려스러운 것은 이 모든 논의에서 공통적으로 전제하고 있는 국가 와 과학기술의 관계가 1970년대 이래로 별로 바뀌지 않았다는 점이다. 물론 국민들에게 미래에 대한 비전을 제시하는 것은 국가가 응당 해야 할 일 중 하나다. 하지만 이렇게 국가가 앞장서서 과학기술의 이미지를 형성한 결과 한국에서는 과학기술의 한 가지 측면만 지나치게 부각되어 온 것도 사실이다. 과학기술을 부국강병의 도구로 여기고, 군사 작전처 럼 국가가 설정한 목표를 향해 돌진함으로써 과학기술을 발전시킬 수 있다고 믿어온 것이 20세기 한국 과학기술 발전의 비결이기도 하지만 동시에 한계이기도 하다. 국가가 목표를 제시하고 자원을 집중하는 과학기술 정책의 기본 틀은 정치적 민주화 이후에도 바뀌지 않았다. 구체적인 목표와 그것을 상징하는 이미지들만 바뀌어왔을 뿐이다. 포마토가 잊힌 자리에 이제는 4차 산업혁명이 들어와 있다. 이 이미지는 누가 만들었으며, 누구에게 도움이 되며, 누구의 양보나 절제를 요구하는가?

사실 4차 산업혁명을 국가의 지휘 아래 대비해야 한다는 이들의 주장은 그 안에 모순을 담고 있다. 4차 산업혁명을 대비해야 하는 이유는 그 결과가 지금까지의 과학기술과 산업의 틀을 깨는 소위 '파괴적 혁신'으로 이어지기 때문이라는 것인데, 국가 기관의 임무는 사회의 틀을 유지하는 것이지, 깨는 것이 아니다. 소위 '게임 체인저'는 계획을 통해 태어나는 것이 아니다. 더욱이 게임의 규칙을 만들고 그것을 유지 운영하는 주체가 게임 체인저를 육성하겠다는 것은 애초에 논리적으로 가능하지 않은 목표다. 국가가 파괴적 혁신을 주도하겠다는 형용모순의 시도는 끝내 기존의 연구와 대동소이한 것들을 이름만 바꿔 지원하는 것으로 귀결될 가능성이 높다.

국가가 과학기술의 '컨트롤타워'를 자임하는 한국식 모델이 반드시 최선의 결과를 낳는지에 대해서도 냉정하게 따져볼 필요가 있다. 고도성장기 한국의 과학기술이 빠르게 성장하는 데 국가의 역할이 컸던 것은 사실이다. 그러나 가까운 과거를 되돌아보면, 황우석 사태가 컨트롤타워가 없어서 벌어진 일인가? 오히려 컨트롤타워가 적극적으로 스타 과학자를 선정하고 밀어주었기 때문에 일어난 일이 아닌가? 그럼에도 당시 컨트롤타워를 맡았던 이들이 황우석 사태의 책임을 인정한 적이 있었던가?

지금 과학기술계에 산적한 문제들을 컨트롤타워의 부재 또는 미비 탓으로 돌리는 것은 참 편리한 환원주의이기는 하다. 그러나 과연 컨트롤타워를 '제대로'(이 또한 합의가 거의 불가능한 개념일 것이다.) 세우면 문제들이 다 해결되는가? 컨트롤타워가 대통령 직속인지 아닌지, 그 수장의 직급이 부총리급인지 장관급인지 등의 문제가 과연 현장 과학기술 연구자들에게 무슨 의미가 있는가?

현재 4차 산업혁명에 대한 논의가 분분하고 연구자들도 한 마디씩 보태지 않을 수 없는 근본적인 이유 중 하나는, 결국 한국 사회의 자원 배분의 방향이 국가가 어떤 슬로건을 제시하느냐에 따라 크게 바뀔 수 있기 때문이다. 앞에서 살펴보았듯 국가의 슬로건은 '나라가 원하는 과학기술'이 무엇인지 보여준다. 그 슬로건을 만드는 과정에는 물론 영향력 있는 과학기술자들이 참여하기도 하지만, 연구 현장에서 자원의 분배는 위에서 결정한 것을 하향식으로 집행하는 방식으로 이루어질 수밖에 없다. 현재와 같은 구조에서는 나라가 4차 산업혁명을 원한다면 현장 과학기술자들은 그에 맞춰 연구 계획서와 보고서를 낼 수밖에 없다. 언젠가는 나라가 원해서가 아니라 내가 원해서, 나라에 부를 가져다주어서가 아니라 내가 궁금해서, 나라가 치켜든 깃발을 보지 않고 내가 필요해서, 장기적인 연구의 방향을 세우고 묵묵히 전념할 수 있는 기반이 갖추어져야 하지 않을까?

김태호

서울대학교 화학과를 졸업하고 같은 학교 대학원 과학사 및 과학철학 협동과정에서 한국 과학기술사를 전공했다. 식민지 시기 일본에서 합성섬유 '비날론'을 발명하고 뒷날 북한에서 그 공업화를 주도한 화학공학자 리승기에 관해 석사논문을 썼고, '통일벼'의 개발 과정과 한국의 쌀 증산운동에 관해 박사논문을 썼다. 서울대학교병원 의학역사문화원 연구교수, 한양대학교 비교역사문화연구소 HK 교수 등을 거쳐 2017년 현재 전북대학교 한국과학문명학연구소에서 연구와 교육에 주력하고 있다. 학위논문들에서 다룬 주제에 더해 한글타자기, 기능올림픽, 식품영양학 등 다양한 주제들을 발굴하여 그 역사를 논문으로 정리하고 있다.

지은 책으로는 《근현대 한국 쌀의 사회사》, 《아리스토텔레스&이븐 루시드》, 《삼국지 사이언스》(공저), 《에포컬 모멘텀》 등이 있으며, 《주간경향》에 "구석구석 과학사"라는 제목으로 과학사의 잘 알려지지 않은 이야기들을 들춰내는 글을 연재 중이다.

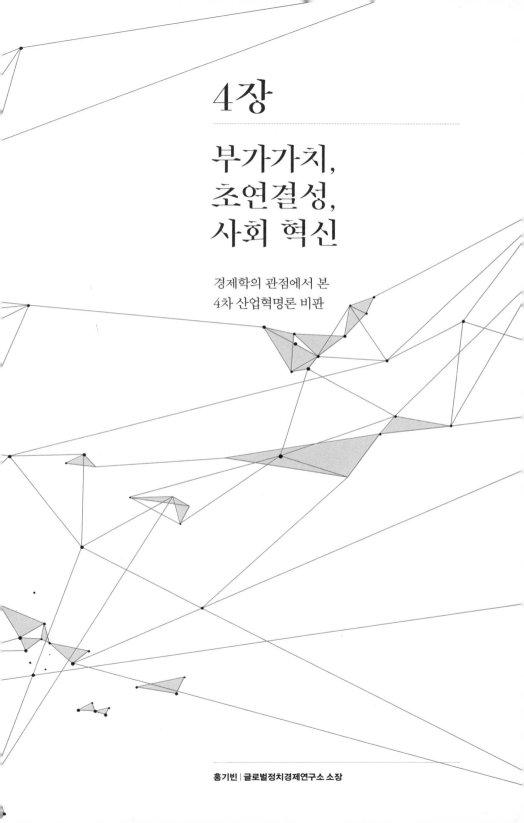

4장

부가가치,
초연결성,
사회 혁신

경제학의 관점에서 본
4차 산업혁명론 비판

홍기빈 | 글로벌정치경제연구소 소장

패러다임의 근본적 변화

작년에 어느 매체에서 '4차 산업혁명'에 대한 대담을 진행한 적이 있었다. 내가 특히 관심이 갔던 이유는 토론 패널의 구성 때문이었다. 한국과학기술원(KAIST) 교수, 관련 상임위의 국회의원, 차관급의 정부 관료, 업계의 거물, 저널리즘 쪽의 대기자 등 이름이 높을 뿐 아니라 각각의 분야에서 실제의 힘을 가진 인물들이었기 때문이다. 그런데 이 대담을 읽은 뒤 큰 충격을 받고 잠시 멍한 상태에 빠졌다. 대담에 등장하는 여러 일반명사들과 고유명사들을 조금만 바꾸면, 1960년대 일본의 통산성 관료들이 기업인 및 기술자 들과 나누었던 대화와 거의 똑같았기 때문이다. 한마디로 요약하자면, '기술입국론'이다. 선진적인 추세를 빨리 읽어내고 그에 상응하는 선진적인 기술과 장비를 빨리 들여와서 더 낮은 비용으로 더 높은 생산성을 발휘하자. 그리하여 세계 시장에서 승자가 되어 더 많은 돈을 벌어오고 이를 다시 더 많은 기술과 자본에 투자하여 더 많은 경제 성장을 일구어내자는 것이다. 그래서 노동 생산성을 올리고 임금도 올려서 더 많은 노동력을 노동 시장으로 끌어들여오자. 더 많은 성장이 생산과 소득을 창출하면 거기에서 더 많은 자본을 축적하여…… 등등. 그리고 놀랍게도 그 실천적 함의의 결론도 똑같았다. 기업인에게는 더 많은 자유를, 과학기술계에는 더 많은 지원을, 교육과 사회에는 더 많은 자극을, 사람들에게는 미래로의 약진을 위한 더 많은 채찍질을.

해가 바뀌고 대통령 선거가 벌어졌으며, 출마한 후보들 다수는 '4차 산업혁명'이야말로 자신의 미래 비전이라는 공언을 내걸었고 심지어 서로 갑론을박을 벌이기까지 했다. 하지만 그 쟁점이라는 것은 기껏해야 국가위원회를 따로 만들 것이냐, 아니면 기업이 주도하게 할 것이냐 같은 아주 해묵은 것이었다.● 이윽고 선거가 끝나 새로운 정권이 들어섰으며, '4차 산업혁명'은 국민적 구호가 되어 사방에서 울려퍼지고 있다. 하지만 우려했던 대로 새로운 정권에서 진행하고 있는 바는 앞에서 말한 1960년대의 '기술입국론'과 거의 판박이처럼 똑같은 형태로 진행되고 있다. 담론이 만들어지고 사회에 유포되는 형태도 그러하며, 정부가 이를 '장려'하는 방식도 그러하다. 이를 재계와 산업계가 받아들이는 방식도 그러하며, 이러한 난리통을 심드렁하게 바라보는 사회의 시선 또한 그러하다.

　나는 현재 산업과 기술의 패러다임에서 근본적이고 중대한 지구적 변화가 분명히 벌어지고 있다고 생각한다. 그리고 이것이 경제와 사회는 물론 정치, 나아가 국제 관계와 지구 생태계에도 근본적이고 중대한 변화를 가져올 것이라고 믿는다. 따라서 이러한 기술적·산업적 변화를 기점으로 우리가 어떠한 사회를 설계하고 만들어갈지에 대한 논의가 이루어지는 것은 대단히 소중하고 절실한 일이라고 생각한다. 하지만 현재 진행되고 있는 방식에는 큰 문제가 있다. 우리가 1960년대에 경험했던 종래의 물질적 산업혁명과 현재 진행되고 있는 산업 패러다임의 변화에 있는 근본적인 차이점이 무시되고 있다는 것이다. 그 결과 이에 대처하는 방법과 전략에도 큰 한계가 드러나고 있다. 이러한 점을 깨닫기 위해서는 2차 산업혁명의 성과와 한계, 그리고 그것이 어떻게 디지털 혁명을 낳게 되었으며, 그 결과 나타난 '초연결성hyperconnectivity'이라는 것의 성격이 무엇인지 역사적으로 일별할 필요가 있다.

● 당시에 이 문제에 대해 쓴 나의 칼럼 하나는 다음에서 볼 수 있다.
http://biz.khan.co.kr/khan_art_view.html?artid=2017042
12037035&code=990100

2차 산업혁명의 한계와 '탈산업 자본주의'로의 이행

스팸은 한국인의 애호 식품이다. 한국전쟁 당시 아사지경에 처했다가 미군의 구호 식품을 받은 이들은 기름이 줄줄 흐르는 스팸 덩어리의 맛을 잊지 못한다.* 이후 21세기의 오늘날까지 한국인들에게 스팸은 명절 선물의 단골 품목이 될 정도로 애호하는 식품으로 자리 잡았다.

스팸은 2차 산업혁명의 위대성을 몸서리쳐지도록 느끼게 해주는 물건이다. 굶주림과 영양 부족에 시달려온 인류의 몇 천만 년의 소망을 풀어준 물건이기 때문이다. 가성비로 따져볼 때 낮은 비용과 가격으로 높은 영양과 칼로리를 제공해주었다. 이 인류 진화사의 기적은 어떻게 가능했을까? 대량 생산과 대량 소비, 그리고 규모의 경제를 통한 원가 절감이라는 2차 산업혁명의 패러다임이 그 답이었다.

그 정도의 영양 덩어리가 그렇게 시간적·공간적으로 이동 가능한 형태로 그 정도의 낮은 가격으로 공급되는 일이 어떻게 가능했을까? 대규모 도축 시설과 대규모 처리 공정과 대규모 포장 과정과 대규모 유통 과정의 결합이었다. 1930년대에 처음 시중에 나온 스팸은 제2차 세계대전 당시 미국의 군수물자로 채택되면서 전 세계로 퍼진다. 여기에 생산과 소비 양쪽에서의 '규모의 경제'의 논리가 작동한다. 생산 시설의 규모를 최대한 확장하면 경상 비용이 최소화되고, 기술적 생산성이 최적화되면서 생산 비용이 최소화된다. 1880년대 미국과 독일에서 이른바 중화학 공업의 발생과 함께 생겨난 이러한 논리는 20세기 경제학을 (그리고 아직까지도) 지배하고 있는 이른바 생산 함수의 모습에 그대로 담겨 있다. 기술 혁신을 통해 자본 생산성을 늘리면 투자가 몰린다. 그러면 노동

● 한국전쟁 당시 피난길에서 일주일 동안 굶었던 나의 모친의 증언이다.

생산성이 올라가면서 고용과 임금도 올라간다. 그렇게 늘어난 생산성은 늘어난 임금을 통해 시장에서 판매되고, 이에 생산물은 적정한 가치의 화폐 형태로 실현된다. 늘어난 국민 소득과 생산의 최대한 많은 부분을 자본 축적으로 연결시키면, 선순환의* 고리가 계속되면서 경제는 영구히 성장한다.

  이 논리에는 심각한 결함이 있다. 1차와 2차 산업혁명에서의 혁신은 주로 물질적 재화의 생산성 향상에 집중되어 있었다. 그런데 인간의 물질적 욕구에는 한계가 있다.▲ 1950년대가 되자 미국을 필두로 이른바 '풍요한 사회Affluent Society'의 이야기가 나올 정도로 대중 전체의 물질적 욕구가 충족된 상태에 이른다. 이는 자본주의의 패러다임에 심각한 위기가 된다. 기술 혁신과 자본 투자로 원가를 절감하여 그 차액을 이윤으로 취하고, 그 과정의 부산물로 고용이 창출된다는 고전적인 20세기 자본주의의 논리가 한계를 맞는 것이다. 자동차든 전화기든 의류든 기본적인 물질적 재화의 시장은 대부분 포화 상태에 이른다. 집에다가 스팸 깡통을 잔뜩 쌓아놓고 스스로 부유하고 생각하는 이는 이제 없을 것이다. 스팸은 이제 서구 사회에서는 혐오 식품에 가까워진 지 오래이며, '원치 않는 메일' 등등을 이르는 욕칭으로 변했다. 요컨대, 1차 및 2차 산업혁명 시대까지의 자본주의에서 이윤의 원동력이었던 물질적 생산력의 원가 절감이라는 논리는 부가가치 창출이라는 점에서 그 효과가 급감하기 시작한다.

  그렇다면 이윤의 원천이 되는 부가가치의 원동력은 어디에서 찾을 수 있을까? 1960년대의 미국에서 그 새로운 원천은 '지식'이라는 담론이 힘을 얻게 된다. 뻔한 물건을 싼값으로 생산하는 것이 중요한 게 아니다.

◆ 생태경제학의 입장에서는 일정 수준을 넘어선 뒤에는 악순환의 고리라 할 것이다.

▲ '인간 욕구의 무한성'이라는 라이오넬 로빈스Lionell Robbins의 가설적 전제를 따르는 이들은 그렇다면 한계효용이 어째서 '체감'하는지를 생각해보라.

사람들이 무엇을 원하는지를 파악해야 하며, 그것을 그들이 만족할 수 있는 방식으로 조달할 수 있는 최적의 방식은 어떤 것들이 있는지를 찾아내야 하며, 그러한 방식으로 생산과 유통 조직을 구성하는 방법을 찾아내야 한다. 이를 알아내기 위해서는 직접적인 조사와 연구는 물론 그것을 가능케 하는 간접적인 지식의 축적이 반드시 필요하다. 이는 실제로 인구 및 사회 조직에도 반영되어 나타나고 있었다. 산업사회가 발달할수록 제조업에 종사하는 블루칼라 및 화이트칼라 노동자가 점점 더 인구의 많은 비중을 차지할 것이라는 예측과 달리, 모든 선진산업사회에서 1960년대에 접어들자 이들이 차지하는 비중은 정체하거나 감소하기 시작하며, 대신 넓은 의미에서의 지식의 생산 및 유통에 관련하는 직업—교사, 연구자, 언론인, 대학 교수 등등—에 종사하는 이들의 숫자가 폭발적으로 늘어나고 있었다. 이는 부가가치의 존재 방식 변화와 함께 산업 자본주의의 패러다임 자체의 변화를 강력하게 시사하는 것이었다.

이에 일찍이 1960년대 말과 1970년대 초부터 2차 산업혁명이 대략 마무리되는 1950년대의 산업 자본주의와 전혀 다른 산업사회가 나타났다는 목소리들이 나온다. 이 새로운 산업사회는 '탈산업사회post-industrial society', '지식 자본주의', '정보화사회', '서비스산업사회' 등의 다양한 이름으로 불리고 있었지만, 그 개략적인 내용은 이렇게 정리할 수 있다. 산업에 기반을 둔 영리 활동의 패러다임은 이제부터 총체적인 솔루션의 제공을 통한 만족의 극대화를 목표로 해야 하며, 이것이 진정한 부가가치의 근원이라는 것이다. 먼저 사람들이 정말로 원하는 것이 무엇인지를 파악해야 한다. 이는 시장에 '현시revealed'되지 않았을 뿐 이미 잠재적으로 존재하고 있으므로 연구 조사를 통하여 발견하기만 하면 되는 경우도 있지만, 사회 전체의 변화 추세와 흐름에 따라 새롭게 만들어나갈 수도 있다. 그다음에는 그렇게 사람들이 원하는 바를 충족시킬 수 있는 여러 방법을 찾아낸다. 그리고 그러한 니즈와 그러한 수단과 방법이 서로 맞물릴 수 있도록 조직하는 방식을 찾아낸다. 이렇게 현실적으로 혹은 잠재적으로 혹은 가능성으로 존재하는 필요와 그에 대한 충족의 유형적·무형적 수단과 방법을 결합시켜내는 일련의 과정이 영리 활동의 본질이며, 기업 조직과 경영 또한 이에 따라 재배치되어야 한다는 것이 새로이 나타난 패러다임의 대략적인 공통 내용이었다.

여기에서 기존의 두 차례 산업혁명의 물결과는 다른 방법으로 세계를 재구성해야 할 필요가 나타난다. 1차 산업혁명이 좁은 의미에서의 기계적 메커니즘으로 세계를 재구성하는 것이었고 2차 산업혁명이 세계를 '물리적-화학적' 과정으로 해체하고 재구성하는 것이었다면, 이제는 앞에서 말한 인간 세상의 전 과정—욕구의 표출부터 이를 충족시킬 수단과 방법까지—이 처리 가능한 지식과 정보의 연쇄로 해체되어 재구성될 필요가 있었다. 이러한 지식-정보 혁명에 필요한 기술적 변화의 요구는 1960년대 말부터 빗발쳤고, 1970년대 들어 마이크로프로세서 칩의 대량 생산이 시작되면서 디지털 혁명이 본격적으로 시작된다.

디지털 혁명: 이진법과 세계의 보편적 표상

이진법으로 인간 세상의 만사만물을 모두 표상Vorstellung할 수 있다는 야심 찬 프로젝트는 사실상 이미 태곳적에 시작된 인류의 오랜 꿈인지도 모른다. 중국의 전설상의 존재인 삼황오제의 한 사람이라고 하는 복희伏羲는 음과 양이라는 두 개의 부호를 세 번 겹쳐 배열하여 여덟 개의 부호, 즉 팔괘를 얻었고, 이것으로 우주의 모든 상태와 사상事象을 표현하고자 했다. 훗날 주나라의 문왕은 이 팔괘를 다시 두 번 겹쳐 64괘를 얻어 인간 세상과 우주의 변화와 상태를 더욱 자세히 표현하고자 했다. 이것이 동양의 고전인《주역周易》을 이루게 되었다.

하지만 숫자를 이진법으로 나타내는 것도 숨 가쁜 일이거늘, 숫자가 아닌 인간 세상과 우주의 다양한 사건과 사상을 이진법으로 나타내는 것에는 더욱 큰 한계가 있다. 고대의 동양인들이 사용했던 이 팔괘 혹은 64괘라는 방법은 그래서 고도의 상징주의symbolism에 기댈 수밖에 없었다. 예컨대 여섯 개의 효爻가 모두 양으로 이루어져 있는 건괘乾卦를 얻는다면, 그 괘사卦辭는 '항룡유회亢龍有悔'로 풀어내는 식이다. 즉 모든 것이 꽉 차도록 양의 기운의 극에 달했으니, '하늘 꼭대기로 올라간 용은 후회할 일만 남았을 뿐'인 셈으로, 이제 내리막만 남았음을 암시하는 상징인 셈이다.《주역》에서 고도의 숫자 연산을 동반하는 여러 방법이 발전해나온 것도 사실이지만, 최소한 이러한 상象에 의존하는 역학은 상징주의에 기대는 것으로, 직관과 사변의 영역으로서 정밀과학이 될 수 있는 것은 아니었다.

18세기 유럽의 걸출한 지식인이었던 고트프리트 라이프니츠Gottfried Leibniz도 이진법으로 인간 세상의 모든 것을 표현한다는 비전을 품은 바 있었다.● 하지만 그는 중국인들처럼 상징주의에 기대는 대신 상징의 논

● 라이프니츠가 이진법을 연구할 때, 그리고 숫자만이 아닌 여러 다양한 명제를 이진법에 기초한 기호논리학으로 표현할 수 있다는 상상을 착상할 때 《주역》의 영향을 받았다는 주장이 있다. 북경에 나가 있는 선교사들과 서신을 통해 64괘에 나타난 이진법의 사용을 알게 되어 이것이 큰 영감의 원천이 되었다는 것이다. 물론 그것이 라이프니츠의 사상을 형성하는 데 어느 정도의 중요성이 있는지에 대해서는 많은 논란이 있을 수 있을 것이다.

리학, 즉 기호논리학symbolic logic을 창시하는 쪽으로 나아간다. 그가 시작한 기호논리학은 이후 비약적인 발전을 하면서 숫자의 사칙연산과 아리스토텔레스 이후의 형식논리학 법칙으로 구성되는 모든 명제의 구성 원칙을 포괄하는 보다 보편적인 틀을 지향하는 방향으로 발전한다. 그리하여 20세기 초 버트런드 러셀Bertrand Russell과 앨프리드 화이트헤드Alfred Whitehead에 이르게 되면, 수리적인 계산 또한 일반적인 논리의 원칙에서 모든 것이 도출될 수 있다는 통일적인 체계가 나타나게 된다. 이를 바탕으로 20세기 중반에는 앨런 튜링Alan Turing과 존 폰 노이만John von Neumann 등을 통하여 인지과학의 눈부신 발전이 이루어지게 되며, 이진법이라는 가장 단순한 기호의 틀을 통하여 인간 세상의 만사만물과 그 변화 및 발전을 서술해나갈 수 있는 논리적인 체계가 구축된다. 이제 0과 1의 두 개의 부호로 구성되는 디지털 신호가 이 세상의 만사만물을 단지 모호하고 직관적인 상징의 형태가 아니라 엄밀하고 구체적인 논리의 전개로서 표상할 수 있다는 이론적인 가능성이 확인된 셈이다.

  1970년대 이후 반도체 기술은 비약적인 발전을 거듭하였으며, 이에 이러한 이론적인 가능성은 이론적인 것으로 머물지 않고 계속 현실화되었다. 이러한 디지털 혁명이 지속되면서 인간 세상은 데이터와 알고리즘이라는 두 가지의 표상 방식으로 분해되고 재구성되게 되었다. 마치 2차 산업혁명 당시 혁신적인 공학자들이 세상의 만사만물을 '물리적-화학적' 과정으로 분해하여 재구성하였던 것처럼, 디지털 혁명의 시대에 들어오게 되면서 인간 세상의 만사만물이 이진법이라는 초보 편성을 띤 표상 방식으로 해체되고 재구성되는 일이 벌어진 것이다. 데이터의 양은 시간이 지나면서 글자 그대로 폭발적으로 팽창하고 있을 뿐 아니라 그 질적인 폭과 종류 또한 파상적으로 확장되고 있다. 포괄적인 의미에서의 인공지능이 최근에 보여주고 있는 비약적인 발전 또한 논리적 과정을 처리하는 인간 세상의 정신 작용 가운데에서 알고리즘으로 환원되지 않는 어떤 것이 있을지를 의문스럽게 할 정도로 벌어지고 있다. 복희 할아버지 이래로 인류가 오래도록 꿈꾸어왔던 프로젝트 하나가 완성되고 있는 셈이다. 디지털이라는 초보 편성의 표상 방식으로 인간과 사물이 그리고 자연과 사회가 모두 동일한 하나의 틀 안으로 통일되고 있다.●

지식 정보화 혁명과 초연결성, 그리고 혁신

이러한 디지털 혁명이 지식 정보화 사회로의 변화를 주도했다는 것은 주지의 사실이다. 1990년대까지 이러한 변화가 가시화되었던 가장 중요한 장 혹은 제도는 인터넷과 (지구적) 자본 시장이었다. 전 지구적인 규모에서 새로운 시장과 새로운 생산 방법 및 기술에 대한 지식과 정보 그리고 생산 및 소비 활동에 영향을 줄 수 있는 모든 정치·사회적 변화에 대한 지식과 정보가 빛의 속도로 이동한다. 이에 가장 심하게 촉각을 세우고 반응하는 이들은 기업과 투자자 들이다. 이들은 이러한 풍부한 지식과 정보를 바탕으로 또한 전 지구적 규모에서의 자신들의 활동과 포트폴리오의 구축을 계속해서 재구성하고 또 재구성한다. 이러한 변화를 반영하는, 어떤 점에서는 앤서니 기든스^Anthony Giddens^가 말한 의미에서의 자기 성찰적^self-reflective^ 근대화가 구현된 제도가 지구적 자본 시장이

● 양자 컴퓨터의 상용화가 임박했다는 소식이 들리고 있거니와, 이렇게 되면 이진법이라는 표상 방식에도 또 다른 변화가 올지도 모른다. 하지만 여기에서 논할 문제는 아니다.

었다. 방금 이야기한 지식과 정보의 흐름을 통하여 자금 배분과 생산 자원의 활용과 소비 활동의 구조가 변화하게 되는데, 이것이 관련된 금융 자산의 현재 가치 변화로 계산되어 거의 실시간에 가깝게 가격 변동으로 반영되는 장이 지구적으로 통합되어가던 각국의 주식 시장 및 여타 자산 시장이었다.

하지만 2000년대 중반을 지나면서 디지털 혁명은 단순히 좁은 의미에서의 지식 및 정보의 이동 범위를 훨씬 넘어서게 된다. 휴대전화는 블랙베리를 마지막으로 스마트폰으로 넘어가게 되었고, 트위터와 페이스북 등의 사회 네트워크 서비스의 발전 덕에 생산되고 유통되는 정보와 지식의 폭과 깊이는 물론 그것이 개개인의 삶으로 침투하는 정도 또한 새로운 국면으로 접어들게 된다. 그리고 2010년을 기점으로 한 이른바 '제2 기계 시대'(에릭 브리뇰프슨과 앤드루 맥아피)의 도래에서 벌어진 인공지능을 필두로 한 여러 가지의 기술 혁신이 나타나면서, 디지털 혁명은 새로운 단계로 비약하게 된다.

2000년대 초반부터 이러한 새로운 상황 전개를 묘사하는 용어로 회자되기 시작한 말이 '초연결성'이었다. 비록 이 말은 아직 철학적·사회학적·기술사적으로 풍부하게 논의되고 널리 합의되는 규정을 얻은 개념은 아니지만, 지금까지 서술한 2차 산업혁명의 한계와 산업 자본주의 패러다임의 변화, 그리고 그와 함께 나타난 디지털 혁명의 근본적인 성격을 잘 드러내는 말이라고 생각된다. 디지털이라는 표상 방식의 놀라운 보편성으로 세상의 만사만물과 그 상호 관계는 데이터와 알고리즘이라는 형태로 해체되고 재구성되며, 그것이 포괄하는 영역의 경계선은 놀라운 속도로 전방위적으로 무한히 팽창해간다. 이렇게 해서 생겨난 클라우드의 세계 속에서 인간과 사물과 기계와 사회와 자연은 전통적인 연결과 관계의 방식에서 풀려나 전면적으로 또 전방위적으로 관계 맺고 연결되기 시작하는 것이다. 일본 애니메이션 〈공각기동대Ghost in the Shell〉와 그 마지막 대사인 "네트net의 세계는 넓다. 이제 어디로 갈까?"는 1995년 개봉 당시로서는 너무나 머나먼 미래의 이야기였지만, 2008년에 리메이크되었을 때에는 벌써 현실로 성큼 다가온 이야기로 느껴지게 되었다.

이 초연결성이야말로 슘페터적인 의미의 혁신과 직결되는 것이며, 새로운 사회적 가치와 부가가치의 근본적인 원천은 바로 이 초연결성과 닿아 있다. 조지프 슘페터Joseph Schumpeter는 현존하는 모든 욕구와 그것을 충족시킬 모든 자원과 그 생산 과정이 완전히 평형 상태에 도달해 있는 '순환적 흐름circular flow'을 상정하였다. 이러한 순환적 흐름은 자본 서비스에 대한 이자가 발생할 뿐 진정한 의미에서의 이윤이 발생할 수는 없는 발라식의Walrasian 일반 균형 상태라고 할 수 있다. 다음으로 슘페터는 이러한 기존의 생산 및 소비 방식에서 변화를 일으키는 과정으로서 혁신innovation의 개념을 이야기하였다. 기존에 존재하지 않았던 욕구를, 기존에 존재하지 않던 방식으로, 기존에 쓰이지 않던 자원으로 충족시키는 새로운 연결 방식을 착안해내고 이를 실현시키는 것이야말로 혁신 기업가entrepreneur의 존재 이유이며, 그 결과로 이윤이 창출된다는 것이었다. 이러한 혁신의 과정은 새로운 욕구를 새로운 자원을 이용하여 새로운 방식으로 충족시키는 창조의 과정이기도 하지만, 옛날의 욕구가 사라지고 옛날의 자원 사용 방식이 소멸하는 파괴의 과정이기도 하다는 것은 당연한 이야기다.

초연결성을 담고 있는 클라우드가 그래서 별의별 신기한 것들을 다 토해놓는 마녀의 가마솥^{cauldron}이라는 비유는, 이러한 슘페터의 고전적인 혁신 개념을 생각해보면 그 의미를 어렵지 않게 음미할 수 있을 것이다. 만사만물이 데이터와 알고리즘으로 분해되어 재구성되고 있는 클라우드 안에서는 이전에는 전혀 상상하지 못하던 방식으로 인간과 사물과 기계와 자연과 사회가 연결되는 일이 얼마든지 가능하기 때문이다. 아주 간단한 예로 우버 택시의 경우를 살펴보자. 1990년대 초 서울 강남에서는 밤에 취객들을 대상으로 불법 영업을 하던 '나라시 택시'가 있었다. 하지만 이는 어디까지나 정해진 시간과 공간과 환경이라는 특정한 상황에서만 가능한 종류의 영업이었다. 하지만 클라우드 안에서는 다른 일이 벌어진다. GPS와 연결되어 있기만 하다면 지구상의 모든 사물들의 지리적 위치와 변화는 실시간 데이터로 파악이 가능하다. 또 자동차를 필요로 하는 이와 일정한 보수를 대가로 자동차와 운전 서비스를 내놓을 용의가 있는 두 사람을 일정한 알고리즘에 따라 행동하고 응답하도록 안배하여 그러한 낯선 이들의 접촉에 따르는 위험과 불편함을 제거하는 일도 가능해진다. 이 두 가지를 결합한 어플리케이션을 스마트폰으로 작동시킬 수 있으면, 밤 11시의 서울 강남역 근처뿐 아니라 세계 어디에서든 자동차 공유 경제가 실현될 수 있게 된다. 이러한 초연결성을 구현하는 장으로서의 '플랫폼'이라는 것이 새로운 경제적 가치 창출의 가장 뜨거운 화두로 등장하게 된 것은 그래서 필연적인 일이다. 에어비앤비도, 알리바바도, 아마존도, 그 기업 가치 창조의 본질은 거대한 기계 덩어리와 같은 유형 자산이나 고용된 노동자들의 노동력에 있는 것이 아니다. 에어비앤비의 경우에는 어떤 경천동지할 원천기술을 보유하고 있는 것도 아니다.* 이전에 상상하지 못하던 방식으로 인간과 사물과 기계와 사회와 자연을 연결시켜낸다는 초연결성이 그 가치의 본질이라고 할 것이다.

사회적 가치 및 부가가치의 원천은
기계가 아니라 초연결성이다

여기에서 우리는 이른바 '4차 산업혁명'에서의 기술적 혁신과 2차 산업혁명 당시의 기술적 혁신이 갖는 중요한 차이점을 찾아낼 수 있다. 후자의 경우, 기술적 혁신 그 자체가 바로 부가가치 창출의 원천이었다. 철강은 철기 시대 이래로 무기를 비롯하여 그 쓸모가 확고하게 존재하는 물건이었다. 하지만 철강은 오랫동안 그 생산 비용이 상당히 높았기에 쉽게 얻을 수 있는 물건이 아니었고, 생산과 시장의 규모도 제한되어 있었다. 하지만 1875년 베세머^{Bessemer} 공법이라는 획기적인 생산 방식을 구현한 대규모 공장을 카네기가 피츠버그에 세우게 되자 철강은 어마어마한 규모로 생산되면서 소재 산업의 중심적 위치를 차지하게 된다. 이때 혁신의 핵심은 그 대규모의 철강 공장에 구현되어 있는 베세머 공법이며, 부가가치 창출은 이 공장 기계라는 유형 자산과 거기에 구현되어 있는 특허권 기술이라는 무형 자산과 불가분으로 얽혀 있게 된다. 소스테인 베블런^{Thorstein Veblen}이 분석한 바 있듯이, 가치의 진정한 근원은 인

● 물론 그렇게 해서 축적된 엄청난 양의 데이터와 또 그 기업만의 '에지'를 발휘하게 해줄 특색 있고 강력한 알고리즘의 중요성은 아무리 강조해도 지나치지 않을 것이다. 한국에서보다 상대적으로 영미권에서 더욱 인기 있는 '애인 찾아주기E-matching' 사이트들이 그 예라고 할 것이다. 각 사이트들은 성격 및 심리 분석에 따라 가입자들이 스스로 입력하는 자신의 신상 정보와 취향 정보에 따라 가장 이상적으로 연애 감정이 생겨나기 쉬운 상대를 '확률적으로' 찾아내 짝을 지어주는 '과학적인' 알고리즘을 보유하고 있다고 선전하고 있다.

간 공동체 전체의 욕구와 그것을 충족시킬 수 있는 수단과 방법에 대한 지식에 있으며, 2차 산업혁명 당시의 기술 혁신에 있어서는 그 모든 것들이 대규모 공장 시설에 고스란히 체현되어 있는 경우가 많았다. 이럴 때에는 그야말로 조야한 '기술입국론'에 따라 선진 시설을 들여오고 선진 기술을 배워 와서 그 시설을 작동시키기만 하면 된다. 이것이 1960년대 이후의 압축 성장기에 익숙한 기술 혁신이며 경제적 가치 창출의 과정이다. 그래서 그렇게 대규모 철강 공장을 세울 수만 있다면 누구나 어디서나, 일본의 닛폰스틸이 되었든, 한국의 포스코가 되었든, 아니면 최근의 중국의 철강 업체들이 되었든, 이윤을 창출할 수 있었다.

하지만 지금까지 역사적으로 일별해본 바와 같이, 새로운 산업혁명의 물결 속에서는 부가가치 창출의 원천을 그러한 좁은 의미에서의 기술과 그것을 담고 있는 유형 자산으로서의 기계 덩어리와 동일시할 수가 없다. 단순화의 가능성을 무릅쓰고 거칠게 말하자면 다음과 같다. 혁신이 벌어지고, 그 과정에서 사회적 가치 및 부가가치를 토해놓는 원천은 초연결성에 있으며, 지금 '4차 산업혁명'이라는 제목 아래에 운위되고 있는 여러 기술들은 그러한 초연결성을 강화하고 그 안에서의 혁신을 부추기며, 또 현실에 구현시킬 수 있는 도구^{vehicle}일 뿐이라고 보는 것이 옳다.

물론 후자의 중요성을 부인할 사람은 아무도 없다. 드론과 3D 프린팅에서의 기술적 혁신은 그 자체로 중대한 의미가 있으며, 이것을 통해서 지금까지는 생각도 해볼 수 없던 새로운 초연결성의 가능성이 열리게 되었다. 이를 통해 폭발적인 사회 혁신이 나타나게 되는 인과 관계의 방향이 항상 작동하는 것도 사실이기 때문이다. 앞에서 이야기한 우버의 경우 자율주행자동차 기술의 개발과 도입에 적극적으로 뛰어들고 있다는 것은 잘 알려진 바다. 우버가 기존에 구축해놓은 플랫폼의 데이터 및 알고리즘이 품고 있는 초연결성의 가능성을 십분 실현하는 데 자율주행자동차의 기술적 발전이 결정적 역할을 할 것이라고 보기 때문이다.

하지만 유에스스틸과 디트로이트의 자동차 공장들이 지배하던 2차 산업혁명 때와는 달리, 이러한 좁은 의미에서의 기계적 기술 혁신과 기계 덩어리 자체가 부가가치 창조의 충분조건이 되는 것은 아니다. 관건은 초연결성에 있다. GPS 데이터는 널리 개방되어 있고, 자동차 운전자와 잠재적 승객을 결합할 수 있는 알고리즘을 체현한 어플리케이션은 손쉽게 만들 수 있다. 이러한 낮은 기술적 장벽 때문에 지금 수많은 이들이 너도나도 스스로 '플랫폼'을 만들어보겠다고 뛰어들고 있다. 하지만 관건이 되는 것은 얼마나 많은 사람들이 거기에 달라붙어주느냐, 그래서 어느 정도의 초연결성이 실제로 실현되느냐다. 이러한 초연결성을 실제로 구현하여 명실상부한 '플랫폼'으로 기능하게 되면, 혁신가는 일확천금이라 할 만한 큰 이윤을 얻게 되지만, 그 숫자가 많은 것은 결코 아니다.

사회 혁신을 통한 초연결성의 가능성 극대화

그렇다면 이른바 '4차 산업혁명'이라고 지칭되는 최근의 산업 패러다임의 변화에 맞추어 가기 위해서는 어떠한 노력이 필요한가? 나는 '초연결성의 잠재적 가능성을 극대화할 수 있는 사회 혁신'이라고 답하고 싶다.

이는 좁은 의미에서의 기술 개발과 연구 투자의 중요성을 부인하는 것이 아니며, 그러한 일들이 지금보다 더 큰 규모로 확장될 필요가 있다는 것도 부인하지 않는다. 단 그러한 노력이 우리가 초기의 공업화에 매진하던 1960년대식의 해묵은 '기술입국론'의 방식으로 고립적·배타적·일방적 방식으로 이루어져서는 안 된다고 보는 것이다. 그러한 새로운 기술로의 전환은 어디까지나 사회 전체의 혁신, 그리고 기술적 합리성과 사회적 관계 재구성의 상호 삼투 속에서 이루어져야만 더 좋은 사회와 더 높은 경제적·사회적 생산성이라는 소기의 목적을 달성할 수 있다고 보는 것이다.

초연결성은 결코 신비롭거나 추상적이고 관념적인 무엇이 아니다. 함께 살아가는 우리들이 개인적으로 또 집단적 차원에서 갖게 되는 다양한 욕구와 필요를 발견해나가는 과정에서 시작된다. 이러한 욕구와 필요는 벌써 드러나 있는 것도 있지만 아직 발견되지 않은 채 잠재되어 있기만 한 것들도 있다.● 그리고 이러한 욕구와 필요를 충족시킬 수 있는 여러 기술적 가능성 및 그 가능성을 담지한 구체적인 생산자들 및 생산 조직을 찾아내어 연결시킨다. 이전에는 전혀 닿을 것이라고 상상하지 못했던 연결성의 고리를 찾아내어 짝을 지어주는 능동적인 (사회) 혁신가가 이러한 과정을 매개한다. 이렇게 하여 새로이 생겨난 사회적 가치 및 부가가치는 다시 기술 발전과 더 나아간 사회 혁신의 원동력으로 투자된다. 그리고 기술은 이러한 사회 혁신의 전 과정에 속속들이 배어들게 된다. 단순히 특정한 기술이나 기계를 사용하는 얕은 의미의 숙련 및 훈련뿐 아니라, 그러한 기술 및 기계에 체현되어 있는 합리적·기술적 사고방식이 사람들의 의식에 깊게 침투해 들어가면서 혼연일체가 되어 나

● 예를 들어 모든 초등학교 학생들에게 3학년 때부터 태블릿 PC를 무료로 배급한다고 상정해보라. 교육과 놀이에서 지금까지 현실화되지 않았던 무수히 많은 새로운 욕구와 필요가 그로 인해 터져나올 것이고, 무수히 다양한 형태의 교육 혁신에 대한 욕구도 폭발할 것이다.

가도록 하는 것이다.

따라서 지금 우리에게 필요한 것은 '4차 산업혁명'이라는 우상을 만들어 거기에 무릎 꿇고 절하는 일이 아니다. 지금 일부 지자체에서는 레이저 절삭기와 3D 프린터와 드론을 전시해 놓은 '체험관'을 곳곳에 짓는 것을 아주 미래적인 일인 양 진행하고 있는 희극이 연출되고 있다. 하지만 문제는 초연결성의 가능성이 구현되는 사회적 혁신과 기술적 혁신을 이루어 결합시키는 것이다. 이를 위해서는 이를 가로막고 있는 무의미한 각종 규제들을 과감하게 풀어내는 일도 필요하다. 또 더 많은 이들이 더 많은 이들과 소통하고 연결될 수 있도록 초연결성의 각종 인프라스트럭처를 더욱 넉넉하고 다양하게 조성하는 일도 필요하다. 이는 기술의 변화와 사회의 변화가 서로 어우러질 수 있도록 사람들의 생활 속에 과학과 기술의 에토스ethos가 파고들게 하는 것이다. 그러기 위해선 기술자들이 사회적 변화에서 생겨나는 새로운 필요와 욕구를 더 풍부하게 이해할 수 있어야 한다. 이러한 일들을 이룰 완전히 새로운 세대를 길러낼 수 있도록 내용에 있어서나 방법에 있어서나 혁신적인 교육의 재구성도 필요하다.

경제 제도와 사회 제도의 혁신

여기에서 유용하게 활용할 만한 개념(들)이 있다. 카를로타 페레즈Carlota Perez는 '기술-경제 패러다임'이라는 개념을 제시한 바 있다. 기술적 변화에 따른 산업 패러다임의 변화는 그에 상응하는 각종 경제 제도의 변화도 함께 수반하게 되어 있으므로, 둘의 변화를 묶어서 파악할 수 있어야 한다는 것이다. 예를 들어 철도의 건설이 시작되면 그러한 불확실한 대규모의 투자를 감당할 수 있도록 무담보 채권debenture의 발행과 가치 평가를 위시한 자본 시장에서의 일대 혁신이 벌어져야만 한다. 또 규모의 경제를 앞세운 중화학 공업으로 전환하려고 할 때, 대규모 자본이 보다 규모가 작은 경쟁 업체들을 가격으로 눌러버리는 이른바 '목줄 끊기 경쟁cutthroat'의 현실에서는, 기존의 합자회사라는 지배적 기업 형태를 넘어서는 기업 제도가 나와야 한다. 이에 그때까지는 일부 업종에 제한되어 있던 주식회사라는 것이 보편적인 기업 형태가 되며, 이들의 소유권 결합을 통한 여러 형태의 기업 집단conglomerate이 일반적 형태로 나타나게 된다는 것이다.

지금 우리의 경우도 마찬가지라고 할 수 있다. 우리나라의 스타트업 생태계에서 벤처 투자를 둘러싼 온갖 비합리성 그리고 정부 지원의 자의성과 불투명성으로 인해 빚어지는 여러 잡음은 고질적 문제다. 또한 재벌 기업들이 지배하는 산업 구조에서 새로운 혁신 기업들이 뻗어나갈 수 있는 기업 생태계가 형성되지 못한다는 것도 숱하게 지적된 일들이다. 마리아나 마주카토Mariana Mazzucato 등이 강조하듯이, 새로운 기술 혁신을 사회적으로 상용화시키는 데 수반되는 리스크와 비용을 대학 연구소, 창업자 및 기술자, 투자자, 국가 기관, 그밖의 이해관계자들이 합리적으로 분담할 수 있도록 자본 시장과 연구 기관 및 대학과 국가와 (대)기업들의 관계를 정리하는 일종의 체제regime을 설계하는 일이 시급하다. 이러한 새로운 '기술-경제 패러다임'의 형성을 위한 토론과 노력이 '4차 산업혁명 지도사 자격증 발급'보다는● 훨씬 시급한 일이라고 보

● 예를 들어 다음의 기사를 참조하라. http://news.inews24.com/php/news_view.php?g_serial=1041362&g_menu=020200

인다.

　한편 리처드 넬슨Richard Nelson은 페레즈의 '기술-경제 패러다임' 개념을 확장하여 물질적 기술physical technologies에 대비되는 사회적 기술social technologies 개념을 제안하기도 하였다. 일정한 목적을 달성하기 위한 정례화된 절차가 기술이라고 한다면, 사회적 과정에서도 기술의 개념을 적용하는 것은 얼마든지 가능한 일이다. 그리고 페레즈가 이야기한 경제 제도들은 사실상 각종 사회적 제도와 긴밀하게 연결되어 있을 뿐 아니라 많은 경우 분리가 불가능하기도 하다. 대표적인 것이 가족 제도나 교육 제도 같은 것이리라. 20세기 후반 일본처럼 남성 노동력의 장시간 노동을 전제로 한 산업 구조에서는 여성이 가사노동 전체와 남성의 '노동력 재생산'까지 떠맡는 가족 구조가 당연시되었다. 반면 비슷한 시기 스웨덴에서는 여성의 노동 시장 참여를 전제로 하는 산업 구조가 마련되었고, 이를 가능하게 하기 위해서 철저한 공공 관리의 육아 시스템과 남성 육아휴직 제도 등이 마련되었다. 그렇다면 가족, 보육 시설, 학교 등을 어떻게 조직할 것인가도 기술 변화에 따른 산업 패러다임의 변화와 긴밀하게 맞물릴 필요가 있다. 하물며 2차 산업혁명의 시대에도 이러했다면, 사회의 초연결성이 부가가치의 원천이 되는 지금은 그 필요성이 더욱 절실하다. 어떻게 하면 더 많은 잠재된 사회적 필요와 욕구를 발견할 수 있으며, 그에 조응하는 현존의 잠재적인 기술과 구현 방식을 찾아내고 연결시킬 수 있을까라는 필요에 맞추어 교육과 지역 거버넌스 등을 필두로 한 다양한 새로운 '사회적 기술'의 도입이 절실하다.

기술과 사회의 유기화를 위하여

2017년 문재인 정부가 들어선 초기, 새 정부 내각의 과학 기술 관련 국무위원으로 두 사람이 지목되었다. 두 사람의 자격과 자질을 둘러싼 숱한 논란과 무관하게 내가 충격을 받았던 것은 과학기술 정책을 바라보고 운영하려는 새 정부의 기본적인 마인드셋이 과거 정권과 전혀 다르지 않았다는 것이다. 한 사람은 그 자리에 앉을 경우 20조 원(!)에 달하는 자원을 배분하는 데에 막강한 영향력을 행사하게 될 것이라는 이야기가 언론에 회자되었다. 다른 한 사람은 아주 배타적이고 독특한 인맥을 쌓아온 사람으로서, 그가 그 자리에 앉을 경우 정부 지원 자금이 특정한 방향으로 몰릴 수밖에 없을 것이라는 전망이 지배적이었다. 다행인지 불행인지 두 사람 모두 그 자리에 앉는 일이 벌어지지는 않았다. 하지만 방금 말한 문제점들이 과연 다른 사람이 그 자리에 앉는다고 해서 해결될지는 전혀 확신이 서지 않는다.

산업 패러다임의 전환은 실로 '거대한 전환'이라고 해도 과언이 아니다. 이는 산업 및 경제 구조를 바꾸어놓는다. 사회 세력과 계급 관계도 바꾸어놓고 아예 새로 만들어버리기도 한다. 그 결과 정치 구조도 바뀌고, 사회의 사상과 문화적 조류도 완전히 바꾸어놓는다. 나아가 평범한 사람들의 아주 평범한 일상의 세세한 부분까지 바꾸어놓는다. 맹신적인 기술결정론자가 아니라면, 이러한 큰 문제들에 적응할 방식에 관한 구체적인 답이 과학과 기술에서 저절로 나오는 것이 아니라는 점에 모두 동의할 것이다. 이는 이전의 여러 산업혁명의 물결에서도 그러했지만, 특히 초연결성을 본질적 특징으로 하는 현재의 산업혁명의 물결에서는 그 어느 때보다도 절절한 진리라고 생각된다. 그래서 1960년대의 '기술입국론'의 방식으로 진행되고 있는 이 '4차 산업혁명'의 불바람은 여러 걱정거리를 안기고 있다. 먼 길일수록 호흡을 길게 할 필요가 있다.

애초에 '4차 산업혁명' 담론에 불을 지핀 클라우스 슈밥의 책에서는 기술적 전환을 가능하게 하려면 실업과 불평등이라는 사회적 문제를 해결하는 데 전력을 기울여야 한다는 명제가 대단히 중요한 위치를 차지하고 있다. 그리고 이와 관련하여 무조건적인 보편 기본소득과 고용 책임제 등 여러 사회 제도에 대한 논의가 지구적 규모에서 불이 붙은 상황이다. 그런데 실업과 불평등이라는 점에서 어느 나라에도 뒤처지지 않는 한국에서는 '4차 산업혁명' 이야기만 나올 뿐 이런 이야기는 나오지 않고 있다.

기술과 사회가 함께 얽히면서 교호 작용을 일으키는 '유기화'야말로 이번 산업 변화의 핵심이라고 할 수 있다. 서두르지 말고, 늦추지도 말고, 이렇게 사회와 기술이 함께 어우러질 수 있도록 하는 지혜롭고 여유로운 접근이 필요하다.

홍기빈

서울대학교 경제학과와 외교학과 대학원을 졸업하고 요크대학교 정치학과에서 지구정치경제학을 공부했다. 금융경제연구소 연구위원을 거쳐 현재 글로벌정치경제연구소 소장, 칼폴라니 사회경제연구소 연구위원장을 맡고 있다. 지식 공유 플랫폼 "지식공유지대eCommons"(ecommons.or.kr)를 준비 운영하고 있다.

저서로《대통령의 책읽기》(공저),《살림/살이 경제학을 위하여》,《비그포르스, 복지국가와 잠정적 유토피아》,《자본주의》,《소유는 춤춘다》,《투자자-국가 직접 소송제》등이 있으며《로버트 오언》,《E. K. 헌트의 경제사상사》,《칼 폴라니, 새로운 문명을 말하다》,《거대한 전환》등 여러 책을 우리말로 옮겼다.

5장

기초과학은
어떻게
신산업이 되는가?

바이오테크놀로지의 산업화 과정을 통해 본
혁신의 현실화 과정

남궁석 | 충북대학교 축산식품생명과학부 초빙교수

기초과학이 넘어야 할 장애물

문재인 정부가 출범하면서 과학기술 정책의 화두로 떠오른 것이 바로 4차 산업혁명이다. 사실 정보통신기술 분야를 중심으로 논의되고 있는 '4차 산업혁명'과 직접적인 관련성이 떨어지는 생물과학 분야의 학계 연구자로서, 현재 논의되고 있는 4차 산업혁명의 실체에 대해서 크게 보탤 이야기는 없을 것이다. 그러나 그간 한국의 과학기술 정책에서 이러한 유행어 성격의 화두가 국가의 연구 지원에서 실질적인 영향력을 발휘했다는 것을 생각하면, 국정 과제의 수준으로까지 이야기되고 있는 4차 산업혁명에 전혀 관심을 가지지 않을 수 없었다.

　4차 산업혁명의 구체적인 내용이 무엇인가보다는 4차 산업혁명을 가져올 것이라고 주장되는 몇 가지 기술에 의해서 경제·사회적인 큰 변화가 일어나고, 여기에 선제적으로 대응하기 위한 정부 차원의 지원이 필요하다는 것이 4차 산업혁명론자들의 주장이다. 이러한 점을 생각한다면, 과거에는 어떤 형태로 '미래를 변화시키는 신기술'에 대한 논의가 이루어졌으며, 그리고 실제로 경제·사회적으로 유의미한 변화를 가져온 산물들이 어떤 과정을 통해 탄생하고 산업화되었는지를 알아보는 것은 현재 4차 산업혁명을 가져올 것이라고 주장되고 있는 신기술의 미래를 점칠 수 있는 좋은 예가 될 것으로 생각된다.

　여기서는 1970년대 초에 태동한 유전자 조작기술을 위시하여 경제·사회적으로 큰 변화를 가져올 것으로 이야기되던 생명공학 관련 기술들이 어떤 방식으로 발전되어나갔는지를 알아볼 것이다. 또한 1970년대 초반 미국의 '암과의 전쟁War on Cancer'이나 1990년대 '인간게놈프로젝트Human Genome Project' 등 국가 차원의 거대 프로젝트들이 과학계와 산업계에 어떤 영향을 미쳤으며, 실제로 처음에 기획되어 사회적으로 홍보된 목표를 달성하였는지, 그렇지 못했다면 그 이유는 무엇인지를 상술하고자 한다. 마지막으로 21세기 들어 재생의학이라는 혁명을 낳을 것으로 이야기되던 줄기세포Stem Cell 연구가 현재 어떤 위치에 있는지를 살펴봄으로써 기초과학의 연구 성과가 실용화되려면 어떤 장애를 넘어서야 하는지 알아보도록 한다.

1970-1980: 생명공학 기반 기술의 탄생 및 바이오테크놀로지의 태동

현재 바이오테크놀로지Biotechnology라고 분류되는 '생명체와 관련된 기술을 활용하여 제품 및 서비스를 생산하는 산업'●의 원류는 1952년 제임스 왓슨James Watson과 프랜시스 크릭Francis Crick이 DNA 이중나선 구조를 규명한 이후 급속히 발달한 분자생물학에 토대를 두고 있다. 즉 1960년대 말에 유전암호의 규명이 끝난 이후, 유전정보가 DNA-RNA-단백질의 단계를 거쳐서 전달된다는 소위 '센트럴 도그마Central Dogma'가 정립된 이후 탄생한 재조합 DNA 조작기술Recombinant DNA manipulation technology, 중합효소 연쇄반응Polymerase Chain Reaction(PCR), DNA 서열결정DNA Sequencing, 단일항원항체Monoclonal Antibody 등 일련의 기술이 현재의 바이오테크놀로지의 기반이 되었다. 그러나 이러한 기술은 대개 뚜렷한 산업적 응용 가능성을 생각하고 개발된 것은 아니었다. 이들은 분자생

● 생명공학정책연구센터, 〈바이오 산업현황 및 바이오기술사업화 동향〉 http://www.bioin.or.kr/board.do?num=256748&cmd=view&bid=watch&cPage=1&cate1=all&cate2=all2

물학 연구 과정에서 나온 부산물에 가까우며, 해당 기술의 발명자 역시 처음에는 그 응용 가능성에 대해서 그리 심각하게 생각하지 않았다.

가령 생명공학 기반 기술의 핵심이라 일컬어지는 재조합 DNA 조작 기술은 기존에 미생물 기반으로 이루어진 분자생물학 연구를 좀 더 복잡한 고등생물로 이전하려는 시도 중에 우연히 탄생하였다. 스탠포드 대학교의 생화학자 폴 버그Paul Berg는 자신의 박테리오파지Bacteriophage 연구 경험을 토대로 동물 바이러스인 시미언바이러스 40Simian Virus 40(SV40)을 연구하고자 하는 목적에서 SV40의 DNA를 그 당시에 새롭게 발견된 제한효소Restriction Enzyme●로 자르고, 박테리오파지 DNA를 결합하려는 시도를 한다.◆ 한편 플라스미드Plasmid라는 세균이 가지고 있는 작은 DNA 조각을 연구하던 스탠리 코언Stanley Cohen이라는 유전학자는 캘리포니아 대학교의 생화학자 허버트 보이어Herbert Boyer가 발견한 EcoRI이라는 제한효소와 DNA 라이게이즈DNA Ligase라는 DNA를 붙이는 효소를 이용하여 자신이 가지고 있는 두 개의 플라스미드를 하나로 결합해보려고 했다.▲ 즉, 이 연구들은 최초에는 아무런 목적성 없이, 연구자 개인의 호기심에서 비롯된 순수한 기초 연구로 시작되었다.

그러나 재조합 DNA 기술은 고등생물의 유전자를 세균에 옮길 수 있게 하였으며, 이를 이용하여 고등생물에 존재하는 단백질을 세균에서 만들어, 단백질 의약품을 생산할 수 있을 것이라는 아이디어가 출현하

● 6-8 염기서열 정도의 고정된 DNA 염기서열을 인식하여 이를 자르는 DNA 분해효소로써, 재조합 DNA 조작기술의 핵심이 된다.

◆ David A. Jackson, Robert H. Symons and Paul Berg "Biochemical method for inserting new genetic information into DNA of Simian Virus 40: Circular SV40 DNA molecules containing lambda phage genes and the Galactose Operon of Escherichia coli" *Proc. Natl. Acad. Sci.* 69(1972) pp. 2904-2909.

▲ Stanley N. Cohen, Annie C.Y. Chang, Herbert W. Boyer and Robert B. Helling, "Construction of Biologically Functional Bacterial Plasmids In Vitro" *Proc. Natl. Acad. Sci.* 70(1973), pp. 3240-3241.

였다. 이러한 아이디어에 기반하여 무명의 벤처캐피탈리스트인 로버트 스완슨은 허버트 보이어와 협력하여 재조합 DNA 기술을 이용하여 단백질 의약품을 생산한다는 목적으로 1976년 제넨테크Genetech라는 벤처기업을 설립한다. 이들이 애초 계획대로 최초의 세균에서 생산된 단백질인 재조합 인슐린의 생산에 성공하고, FDA의 승인을 얻은 것은 회사를 설립한 지 6년이 지난 1982년이었다. 제넨테크의 뒤를 이어 설립된 바이오텍 회사인 암젠Amgen은 1989년 혈액세포 성장 촉진제인 에포젠Epogen의 판매 허가를 취득하였다.

　여기서 주목할 것은 바이오테크놀로지 산업의 발전은 애초에 1970년대 유전자 조작기술이 처음 개발되어 대중에 알려졌을 때 기대한 것처럼 빠르지 못했다. 특히 1974년 쾰러Georges Kohler와 밀스타인Cesar Milstein이 개발한 특정한 단백질에 결합하는 단일항원항체는 기존의 저분자 화합물로 무력화할 수 없는 수많은 단백질에 작용하는 특이적인 약물을 만들 수 있을 것으로 예상되었으나, 원래 생쥐 유래로 개발된 단일항원항체를 면역 거부반응 없이 사람에게 적용하기 위해서는 항체 인간화 기술 혹은 사람 유래의 항체 선별 기술 등과 같은 기반 기술의 발전이 필요했다. 또한 어떤 단백질을 대상으로 한 항체가 특정한 질병에 효과를 보이는 약물이 되는지를 알기 위해서는 해당 질병의 발병 기전에 대한 심도 깊은 연구가 필요했다. 그리하여 본격적으로 특정 질병에 효과를 보이는 항체 유래의 의약품, 즉 바이오로직스Biologics가 개발되어 판매 승인을 얻고, 이들이 유의미한 수준의 시장을 형성하기 시작한 것은 최초의 바이오테크놀로지 기반 기술이 태동한 지 20여 년이 지난 1990년대 후반에 이르러서였다.■ 즉 기초과학에서 유래한 재조합 DNA 기

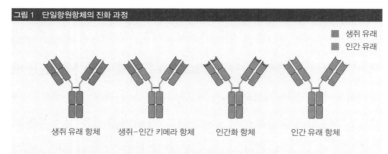

그림 1 단일항원항체의 진화 과정

생쥐 유래
인간 유래

생쥐 유래 항체   생쥐-인간 키메라 항체   인간화 항체   인간 유래 항체

1974년 밀스타인과 퀼러에 의해서 개발된 단일항원항체는 생쥐 유래의 항체로, 인간에게 면역거부 반응을 유발하여 바로 치료제로 사용할 수 없었다. 이를 극복하기 위하여 생쥐와 인간의 항체가 조합된 키메라 항체chimeric antibody, 생쥐의 항원 결합 부분만 남기고 인간 유래 항체로 치환된 인간화 항체 Humanized antibody, 그리고 완전히 인간 유래의 항체까지 여러 단계의 발전 과정을 거친 이후에 애초에 기대된 '마법의 탄환Magic Bullet'으로서의 치료제가 될 수 있었다. 여기에는 최초 발견으로부터 약 20여 년의 세월이 필요했다.

술과 단일항원항체와 같은 개념들은 이미 1980년대 초반부터 대중 매체를 통해 미래를 이끌 신기술로 각광받기 시작했지만,● 이들이 유의미한 경제 효과를 가져올 정도로 실용화된 것은 한 세대가 지난 이후라는 것에 주목해야 한다. 이렇듯 기초과학에서 유래된 최신의 연구 성과들이 경제적으로 실질적인 부가가치를 창출하는 산업으로 탈바꿈하는 데는 상당한 시간이 소요된다는 것을 알 수 있다. 기초 연구에서 응용까지 걸리는 시간은 분야에 따라서 크게 상이할 수 있으나, 적어도 바이오테크놀로지 분야에서는 최초의 발견으로부터 상업적인 응용까지 대략 10~20년이 걸리는 것이 보통이다.

한국의 상황을 살펴보면, 1980년대 초반 미국에서 귀국한 일부 분자

■ 2014년 기준 미국에서 매출액 기준으로 가장 높은 판매액을 올리는 5종의 단백질 유래 의약품의 종류와 FDA 승인 일자는 다음과 같다. 상품명(판매사), 매출액(단위: 억 달러), 년도.
1. 휴미라Humira(AbbVie), 130, 2002; 2. 레미카데Remicade(Johnson &Johnson), 101, 1998; 3. 리투산Rituxan(Roche), 73, 1997; 4. 엔브렐Enbrel(Pfizer/Amgen), 91, 1998; 5. 란투스Lantus(Sanofi), 81, 2000. 출처 https://www.thebalance.com/top-biologic-drugs-2663233

● 〈마법의 탄환 '단일클론항체' 이론·생산 체계화〉, 《동아일보》(1984년 10월 16일).

생물학자들을 중심으로 '유전공학'이라는 이름으로 '유전자 조작기술'
의 중요성이 대두되었는데, 이는 세계적인 발전 추세에 그다지 뒤늦은
편은 아니었다.◆ 정부가 주도하는 '유전공학 연구 드라이브'의 일환으로
'유전공학 육성법'이 1982년 제정되었으며, 기업 중심의 '한국유전공학
연구조합'이 발족하였다. 그러나 1980년대 정부 주도의 형태로 유전공학
연구 진흥 노력은 별다른 성과 없이 끝났으며, 해외 연구소 설립 등의 형
식으로 유전공학 연구에 뛰어든 대기업들도 몇 년 안에 철수했다. 당시
한국 학계의 생명과학 연구 인프라는 극히 일천하였으며,▲ 또한 연관 사
업인 제약, 식품 산업이 당시 생산 기술을 도입하여 산업화하기에도 버
거웠던 상황임을 고려한다면 당시에 세계적으로도 아직 본격적인 산업
화가 이루어지기 한참 전의 단계였던 유전자 조작기술이 국내에서 산업
화되어 가시적인 성과를 얻기는 현실적으로 무리였을 것이다. 결국 1980
년대 한국 정부가 주도한 '유전공학 육성 정책'은 원천기술의 산실이 되
는 기초 연구와 이를 산업화할 기반이 없다면 아무리 정부가 신기술의
육성을 주도하더라도 가시적인 효과를 거둘 수 없다는 교훈을 주었다.

'암과의 전쟁'과 '인간게놈프로젝트'의 명암

한편 유전자 조작기술이 태동하기 시작한 1970년대 미국의 닉슨 행정
부는 제2차 세계대전 이후 의생명과학에 투자된 연구비가 이렇다 할 성
과를 낳지 못했다는 비판에 직면하고 있었다. 제2차 세계대전 이후 버

◆   신향숙, 〈1980년대 유전공학육성법의 출현: 과학정치가와 다양한
    행위자들의 피드백〉, 《한국과학사학회지》 31(2009).
▲   현재의 한국연구재단의 전신인 한국과학재단은 1977년에 설립되
    어 1978년 최초로 81명의 과학자에게 소액의 연구비를 지급하였고,
    생명과학 분야에서는 여덟 명의 연구자가 연구비를 받았다. 《경향신
    문》(1978년 6월 5일).

니바 부시Vannevar Bush는 백악관에 제출한 보고서인 〈과학, 끝없는 개척 Science, the Endless Frontier〉◆을 통해서 평화시 과학 연구의 중요한 목표로 '질병과의 전쟁'을 들었으며, 이를 위해서는 질병 자체에 대한 이해가 필수적이므로 질병에 관련된 생명 현상에 대한 폭넓은 연구 지원의 필요성을 역설했다. 이를 계기로 미국 국립보건원National Institute of Health(NIH)을 통한 의생명과학 분야에 대한 연구비는 1960년대 중반 10억 달러를 넘을 정도로 급격하게 증가하였다.◆ 그러나 이렇게 증가된 의생명과학 연구·투자의 증가에 비해서 페니실린과 같이 일반 대중이 체감할 수 있는 혁신적인 의학적 진보는 미미했다. 그리고 의생명과학자들이 질병 치료와 관련된 연구 대신 자신의 과학적 호기심을 충족시키기 위한 연구에 혈세를 낭비하고 있다는 비난도 커져갔다.

　이러한 배경 아래 정부 주도로 '아폴로 계획'이 성공한 것처럼 국가가 특정한 목표를 가지고 과학기술 분야에 집중적인 투자를 함으로써 암과 같은 불치병을 단시일에 치료하겠다는 야심찬 계획이 입안되었다. 1971년 닉슨Richard Nixon 대통령은 '국립암관리법National Cancer Act'에 서명하였으며, 우주 개발의 NASA처럼 '암과의 전쟁'을 지휘할 컨트롤타워로서 NIH 내에 국립암연구소National Cancer Institute가 설립되었다. 1972년부터 3년간 15억 달러의 연구비를 투자하여 미국 독립 200주년이 되는 1976년까지 암 정복에 가시적인 성과를 내겠다는 야심찬 계획으로 '암과의 전쟁'이 시작되었다. 그러나 '암과의 전쟁'은 대중과 정부 당국의 기대와는 달리 아무런 가시적 성과를 내지 못한 채 1970년대를 흘려보냈다. 심지어 '암과의 전쟁'이 시작된 지 반세기에 가까운 오늘까지도, 일

- Vannevar Bush, *Science, the Endless Frontier*, A Report to the President(1945). https://www.nsf.gov/od/lpa/nsf50/vbush1945.htm

◆ Dogab Yi, "The Recombinant University: Genetic Engineering and the Emergence of Stanford Biotechnology"(Chicago: The University of Chicago Press, 2015), p. 54.

부 암의 진단과 치료, 생존율의 개선 등은 이루어졌지만 여전히 '암의 정복'이라는 애초의 기대를 달성하는 데에는 갈 길이 멀다고 평가된다. 그렇다면 왜 '인간을 달에 보내는 도전'은 성공한 반면 '암과의 전쟁'은 큰 전과를 얻지 못하고 끝났는가? 컬럼비아 대학교의 암생물학자인 솔 스피겔만Sol Spigelman은 그 당시의 '암과의 전쟁'이 실패할 수밖에 없던 까닭에 대해서 이렇게 설명한다. "현재 벌어지는 전면적인 암과의 전쟁은 마치 뉴턴의 중력법칙을 모르는 상태에서 인간을 달에 착륙시키겠다는 것과 마찬가지다."▲

　'암과의 전쟁'이 가지는 근원적인 문제는 1970년대 당시까지 암의 발생 요인이 환경적인 요인인지, 유전적인 요인인지, 아니면 바이러스와 같은 병원체에 의한 요인인지도 명확히 알려지지 않은 상태에서, 그것을 과학적인 미지수라기보다는 일종인 공학적인 도전 과제였던 아폴로 계

그림 2

1971년 12월 리처드 닉슨 당시 미국 대통령에 의해 국립암관리법이 서명됨으로써 공식적으로 '암과의 전쟁'이라는 언제 끝날지 알 수 없는 영원한 전쟁이 시작되었다.

▲　J.T. Patterson, *The Dread Disease:Cancer and Modern American Culture*(Cambridge: Harvard University Press, 1989).

획과 같이 뚜렷한 목표와 방법론이 정해진 프로젝트처럼 간주하여 추진되었다는 것이다. 가령 1970년에 나온 라우스 사르코마 바이러스[Rous Sarcoma Virus]라는 레트로바이러스가 닭의 배양세포에 암을 일으킬 수 있다는 발견[•]은 암의 원인이 바이러스이며, 이 바이러스의 핵심 요소인 역전사효소[Reverse Transcriptase]를 억제하면 모든 암을 치료하는 치료제가 나올 수 있다는 생각으로 이어졌다. 이에 많은 연구자들은 인간에서 암을 일으킬 수 있는 레트로바이러스를 찾으려는 노력을 기울였다. 그때에도 이미 대개의 암은 전염병이 아니라는 것이 알려져 있었음에도 말이다.[•] 이러한 초기의 '암과의 전쟁' 연구는 암 치료에 대해서는 별다른 성과를 가져오지 못하였으며, 표적 항암제를 비롯한 암에 대한 근본적인 치료법들은 이후 40여 년간 암에 대한 기본적인 생물학적인 이해가 심화된 뒤에야 단편적으로 출현할 수 있었다.[▲]

그러나 역설적이게도 암과의 전쟁에서 막대한 연구비를 투자한 결실은 암이 아닌 엉뚱한 곳에서 먼저 나왔다. 1981년 정체불명의 면역결핍을 보이는 환자가 발견되었고, 이 질병은 HTLV-Ⅲ(나중에 인간면역결핍바이러스[Human Immunodifiency Virus, HIV로 명명됨)라는 레트로바이러스에 의해서 일어난다는 것이 밝혀진 것이다. 이 질병은 후천성면역결핍증[Aquired Immune Deficiency Syndrome, 즉 에이즈(AIDS)였다. 1980년대 초반에 '21세기의 흑사병'으로 인류의 생존을 위협할 공포의 대상으로 여겼던 에이즈는 생각보다 빠른 1990년대 중반에 치료제가 나왔다. 즉 에이즈 바이러

• H. M. Temin, S. Mizutani, "RNA−dependent DNA polymerase in virions of Rous sarcoma virus", Nature 226(1970), pp. 1211−1213.; David Baltimore, "RNA−dependent DNA polymerase in virions of RNA tumour viruses", Nature 226(1970), pp. 1209−1211.

◆ Robert A. Weinberg "Coming Full Circle−From Endless Complexity to Simplicty and Back Again" Cell 157(2014), pp. 267−271.

▲ Siddhartha Mukherjee, The Emperor of all Maladies: A Biography of Cancer(New York: Scribner, 2011).

스의 복제를 억제하는 2~4가지 약제를 동시에 투여하는 소위 '칵테일 요법Cocktail therapy'에 의해 HIV 감염이 에이즈 증상으로 전이되는 것을 막을 수 있게 된 것이다. 이제 에이즈는 아프리카 등을 제외하면 관리가 가능한 만성질병 정도로 여기고 있다.

암과의 전쟁에서 암을 유발하는 레트로바이러스가 존재하고 이를 연구함으로써 모든 암에 대한 치료법을 만들 수 있을 것이라는 낙관적이지만 부정확했던 기대를 품고 연구된 레트로바이러스가 원래 기대했던 암 대신 에이즈에 대한 치료법을 만드는 데 결정적인 기여를 한 것이다.■ 결국 '암과의 전쟁'에 투자한 막대한 연구비는 기대한 것처럼 몇 년 안에 암에 대한 치료법을 내놓는 데는 분명히 실패하였으나, 기대하지 않은 새로운 효과를 얻은 것이고, 이는 기초과학 연구로부터 창출되는 실질적인 이득이 연구 당시에는 예측 가능하기 힘들다는 하나의 예라고 할 수 있다.

본격적으로 과학자들이 고등생물의 분자생물학적 연구에 뛰어든 계기라고 할 수 있는 '암과의 전쟁'이 시작된 지 약20여 년이 되던 1990년 대 초, 미국은 또 다른 국책 사업인 인간게놈프로젝트를 시작하였다. 유전자의 염기서열을 읽어낼 수 있는DNA 염기서열 결정 기술, 그리고 특정한 유전자를 분리해낼 수 있는 유전자 조작기술의 등장에 따라 인간의 유전자 하나 정도의 염기서열을 규명할 수 있게 된 1980년대 말, 인간의 유전체에 담겨 있는 30억 자에 달하는 모든 염기서열을 규명하자는 원대한 계획이 등장하였다. 인간 생명 현상의 기본적인 정보를 담고 있는 인간의 유전정보 전체를 규명함으로써 암을 포함한 많은 질병의 원인을 규명할 수 있을 것이라는 것이 인간게놈프로젝트 주창자들의 주

■ 위의 논문.

장이었다.

사실 한 번에 수천 자 정도의 염기서열에 해당하는 유전자 하나 정도를 겨우 읽어낼 수 있었던 1980년대 말의 기술 수준을 생각하면 이는 매우 모험적이고 비현실적인 계획으로 간주되기도 했다. 그러나 인간게놈프로젝트가 '암과의 전쟁'과 다른 점이 있다면, '암과의 전쟁'은 암의 생물학적인 본질을 전혀 모르는 상황에서, 그리고 최종적으로 성취할 목표가 무엇인지 정확히 규정되어 있지 않은 상황에서 시작된 거대 국책사업이었다면, 인간게놈프로젝트는 이미 개발된 염기서열 결정 기술을 이용하여 30억 자에 달하는 인간 게놈을 구성하는 염기서열을 파악하자는 확실한 목표를 가진 계획이었다. 즉, 이미 개발된 염기서열 결정 기술을 보다 효율적으로 만들 수 있는지에 달려 있는 지극히 '공학적'인 프로젝트였다는 것도 차이다. 결국 인간게놈프로젝트는 계획보다 2년 빠른 2003년에 완수되었다.●

그러나 인간게놈프로젝트가 끝나고, 생물학자들이 깨달은 것은 인간 게놈의 염기서열을 모두 읽어내는 것과 그것에 담긴 의미를 전부 이해하는 것은 다른 일이라는 것이었다. 예를 들면 팔만대장경의 모든 글자를 기록하여 디지털화하는 것은 팔만대장경의 모든 내용을 이해하는 것과는 별개 문제라는 것과 마찬가지다. 즉 인간게놈프로젝트를 통해서 인간은 약 2만 개 정도의 유전자를 가지고 있으며, 이들이 게놈 전체의 약 1퍼센트만을 차지하고 있다는 것을 알게 되었다. 그러나 게놈의 99퍼센트를 차지하는 단백질을 암호화하지 않는 지역들의 기능에 대해서는 정확히 알 수 없었다. 인간게놈프로젝트를 통하여 인간은 침팬지와 염기서열상 98퍼센트가 동일하다는 것을 알게 되었지만, 인간과 침

● Francis S. Collins, Michael Morgan and Aristides Patrino, "The Human Genome Project: Lessons from Large-Scale Biology", *Science* 300(2003), pp. 286–290.

팬지의 게놈 정보 중에서 상이한 2퍼센트가 과연 어떤 방식으로 인간과 침팬지의 차이를 결정하는지는 아직도 미지수다.[◆] 인간과 침팬지의 유전정보 차이가 어떻게 인간과 침팬지의 외견상 큰 차이를 나타내는지를 정확히 설명하지 못하는 상황에서 개인의 유전정보를 아는 것이 개인의 건강을 증진하는 데 보탬을 줄 정보를 얼마나 제공할 수 있을지는 미지수다.

그러나 인간게놈프로젝트가 완성된 후에 개인의 게놈을 약 1,000달러에 획득할 수 있다면 개인의 정보에 따른 맞춤의학Personalized medicine을 이룩할 수 있다는 기대가 높아져갔다.[▲] 그리하여 소위 '차세대 시퀀싱Next Generation Sequencing' 기술이 개발되고, 이제는 한 개인의 30억 염기의 유전정보를 약 1,000달러 정도를 들이면 하루이틀 안에 읽을 수 있는 시대로 접어들었다. 그러나 이런 기술적 발전이 과연 개인의 건강에 구체적으로 어떤 도움을 줄 수 있는지에 대해서는 논란이 많다. 물론 30억 개에 달하는 인간의 유전정보 중에서는 유전정보의 의미를 확실하고 간단히 알 수 있는 영역이 존재한다. 즉 ABO 혈액형이라든가, 한 가지 유전자에 의해서 결정되는 유전질환monogenic genetic disease 등이다. 그러나 우리가 관심 있는 대개의 인간의 표현형, 즉 비만, 당뇨, 심장질환, 지능, 신장과 같은 표현형들은 한두 가지의 유전자에 의해 결정되는 것이 아니라 게놈 내의 수많은 유전자들, 아니 게놈 전체를 구성하는 요소들에 의해서 결정된다.[■] 따라서 단순히 게놈 정보를 파악하는 것만으로 인간

◆   J. Rogers and R. A. Gibbs, "Comparative primate genomics : emerging patterns of genome content and dynamics" *Nature Rev. Genet.* 15(2014), pp. 347–359.

▲   "Race for the $1000 genome is on", *New Scientist*,(2002. 10. 12) https://www.newscientist.com/article/dn2900-race-for-the-1000-genome-is-on

■   Evan A. Boyle, Yang. I. Li and Jonathan K. Pritchard, "Expanded View of Complex Traits:From Polygenic to Omnigenic". *Cell*, 169(2017), pp. 1177–1186.

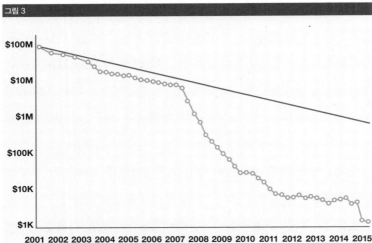

그림 3

1987년부터 2003년까지 인간게놈프로젝트를 완수하는 데 사용된 비용은 30억 달러에 달한다. 그러나 그 이후 인간 게놈 서열을 결정하는 데 드는 비용은 급속히 낮아져서 2015년에는 개인의 거의 모든 유전정보를 읽어내는 데 불과 1,000달러의 비용만이 들게 되었다. 물론 게놈의 모든 글자를 읽을 수 있다는 것과 '생명의 책'인 게놈의 내용을 모두 이해하는 것은 별개의 문제일 것이다.

의 질병에 대해서 얻을 수 있는 정보는 현실적으로 제한되어 있다.[●]

이러한 현실적인 어려움에도 불구하고 유전자 검사를 통하여 개인의 건강에 대한 모든 정보를 파악할 수 있다고 주장하는 연구자와 기업체, 여기서 한발 더 나아가 최근 대두되고 있는 CRISPR/Cas9에 의한 게놈 편집 기술에 의해서 인간 게놈의 '해로운 돌연변이'를 수정란 단계에서 '교정'할 수 있다고 주장[◆]하는 연구자에 이르기까지, 다양한 층위의 주장이 난무하고 있다. 미래에 지금 이야기되는 '개인 맞춤의학'의 꿈이 얼마나 이루어질지는 지금으로서는 알 수 없다. 그러나 분명한 것은 1970년대의 '암과의 전쟁'이나 1990년대의 '인간게놈프로젝트' 등 국가 차원

● Nicholas J. Robert et al., "The Predictive Capacity of Personal Genome Sequencing", *Science Translational Medicine*(2012).

◆ Hong, Ma et al., "Correction of a pathogenic gene mutation in human embryos", *Nature*, 548(2017) pp. 413–419.

의 연구 노력들이 실제로 사회 구성원들이 체감할 수 있는 실용적인 성과로 이어지는 데는 많은 시간이 소요되며, 처음에 기대했던 성과로 일컬어지던 것 중 상당수는 해당 프로젝트가 진행되고 수십 년이 지난 뒤에도 이루어지지 않는 경우가 허다하다는 것을 기억할 필요가 있다.

줄기세포의 희망과 현실: 재생의학은 가능한가?

21세기 초 인간게놈프로젝트와 함께 사회적으로 많은 기대를 낳은 것이 바로 줄기세포와 재생의학에 대한 기대다. 배아줄기세포Embryonic Stem Cell는 1980년대 초 쥐의 초기 발생 과정을 연구하던 학자들에 의해서 처음 발견되었다.▲ 즉 포유동물의 발생 과정에서 난자와 정자가 만나서 수정란이 되고, 배반포Blastocyst 단계에 도달하였을 때 내세포괴Inner Cell Mass에 존재하는 세포들은 장차 발생 과정에서 어떤 세포로든 발생할 수 있는 만능성Pluripotency을 가진다는 것이 발견되었다. 이들은 성체세포로 발생한 세포와는 달리 재생 가능한Self-renewal 특성을 가지고 있었다. 그러나 쥐에서 처음 배아줄기세포가 알려진 이후에 다른 동물 유래의 배아줄기세포가 수립되는 데는 꽤 오랜 시간이 걸렸으며, 1998년 인간의 배아로부터 배아줄기세포가 처음 수립 가능하다는 것이 알려진 이후에■ 줄기세포에 대한 관심이 폭발적으로 증가하였다.

　인간 배아줄기세포가 수립된 1990년대 말 중요하게 생각되던 문제는 배아 유래의 줄기세포로부터 이식 가능한 성체세포는 이식한 환자

▲　Martin J. Evans and M. H. Kaufman M., "Establishment in culture of pluripotent *cell*s from mouse embryos", *Nature* 292(1981), pp. 154-156.

■　J. A. Thomson et al., "Embryonic Stem *Cell* Lines Derived from Human Blastocysts", *Science* 282(1998), pp. 1145-1147.

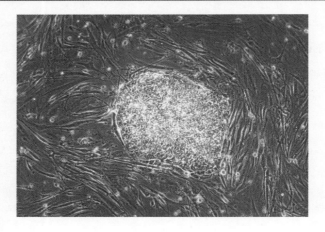

그림 4 인간배아줄기세포

와 조직 적합성 복합체^{Major Histocompatibility Complex}가 달라 타자의 세포로 인식되어 면역 거부반응이 일어나기 때문에, 이를 극복하여 환자 맞춤형 줄기세포를 만드는 것이었다. 이를 극복하기 위해 1997년 복제 양 돌리를 만들 때 사용된 체세포 핵이식 기법^{Somtaic Nuclear Transfer}을 이용하여 환자의 체세포를 공여자의 난자에 치환한 복제 배아를 만든 후 복제 배아 유래의 줄기세포를 확립하면 환자에게 면역 거부를 일으키지 않는 환자 맞춤형 줄기세포를 수립할 수 있을 것이라는 가능성이 제시되었다. 그러나 여기에는 윤리적인 문제와 기술적인 문제가 동시에 대두되었는데, 윤리적인 문제는 배아줄기세포를 수립하기 위해서는 다량의 인간 배아를 파괴해야 한다는 것, 그리고 '복제 인간'을 만드는 것과 동일한 방법론으로 체세포를 이식하여 복제 배아를 만드는 것에 대한 논란이었다. 기술적인 문제로는 체세포 핵이식 기법이 가지는 비효율성이 있다. 복제 동물 생산시에는 수백 개 이상의 난자가 사용된 반복된 시도를 해도 겨우 한 번 정도의 성공이 가능한 효율이 낮은 기술을 이용해야 한다. 환자 맞춤형 줄기세포를 만들기 위해서는 사람의 난자를 대량으로 사용해야 하는데, 이것은 현실적으로 쉽지 않았다.

제시된 여러 가지 어려운 점에도 불구하고 인간 복제 배아를 이용한 줄기세포의 수립을 시도한 것은 놀랍게도 줄기세포 연구의 선진국이 아니었던 한국이었다. 한국에서는 2004년~2005년 세계 최초로 인간 복제 배아를 통한 줄기세포가 수립되었으며, 뒤이어 환자 유래의 맞춤형 줄기세포가 수립되었다는 논문이 발표되어 매우 큰 화제가 된 바 있다.● 그러나 이 결과가 연구 부정에 의한 허위였다는 것이 밝혀지고, 이는 한국의 줄기세포 분야뿐 아니라 전체 한국 과학계의 신뢰도를 실추시킨 부끄러운 오점으로 남게 되었다.

그러나 이 당시 한국에서 벌어진 인간 복제 배아줄기세포 연구는 연구윤리적인 문제를 제외하고라도 근원적인 한계를 가지고 있었다. 즉 줄기세포에 대한 기초 연구가 국내에서 별반 이루어지지 않은 상황에서 다량의 인간 난자를 이용한 복제 배아줄기세포 수립을 수행하였으나 결국 실패하였고, 줄기세포를 연구하는 학계에 어떠한 과학적인 기여도 하지 못했다는 것이다. 심지어 의도하지 않은 와중에 이루어진 최초의 처녀생식에 의한 줄기세포 수립(2004년의 줄기세포는 처녀생식에 의해서 만들어진 줄기세포라는 것이 확인되었다.)과 같은 의미 있는 발견도 이를 체세포 복제에 의한 줄기세포로 위조하는 과정에서 무시당했을 정도로 줄기세포에 대한 이해가 부족했다는 것을 생각하면,◆ 체세포 복제에

● Woo-Suk Hwang et al. "Evidence of a pluripotent human embryonic stem *cell* line derived from a cloned blastocyst", *Science* 303(2004), pp. 1669-1774; Woo-Suk Hwang et al. "Patient-specific embryonic stem *cell*s derived from human SCNT blastocysts". *Science* 308(2005).

◆ Kitai Kim et al., "Recombination Signatures Distinguish Embryonic Stem *Cell*s Derived by Parthenogenesis and Somatic *Cell* Nuclear Transfer", *Cell Stem Cell* 1(2007), pp. 346-353.

의한 줄기세포가 연구 부정 없이 어쩌다 우연히 수립되었다고 해도 이 것이 과연 줄기세포 연구에 실질적인 파급효과를 가져왔을지 의구심을 가지지 않을 수밖에 없다. 실제로 '줄기세포 게이트'의 여파가 끝나기도 전인 2006년 중반 줄기세포 연구는 급격한 연구 패러다임의 변화를 맞이하게 되었다. 즉 줄기세포의 만능성을 유지하는 전사인자^{Transcription} ^{Factor}를 확인한 후, 이 전사인자를 도입함으로써 체세포를 줄기세포처럼 바꾸는 소위 '유도만능줄기세포$^{induced\ Pluripotent\ Stem\ Cell(iPSC)}$'를 통해 훨씬 더 효율적으로 줄기세포를 수립할 수 있게 되었다. 동시에 유도만능줄기세포는 배아 파괴에 따른 윤리적인 문제를 피해갈 수 있으므로 급격히 줄기세포의 연구 트렌드는 변하게 되었다.[•] 어떤 의미에서는 2005년 말의 한국에서 일어난 소위 '줄기세포 스캔들'은 더 이상 배아 파괴 및 인간 복제 등의 윤리적인 논란에 취약하며, 더욱이 효율이 극히 낮은 기술적인 한계를 가지고 있는 인간 배아줄기세포 연구에 더 많은 연구비를 투자하지 않게 된 계기가 되었다는 점에서 그나마 불행 중 다행이라고 할 수 있을 것이다.

그렇다면 유도만능줄기세포로 줄기세포 연구의 트렌드가 바뀐 지도 10여 년이 지난 지금, 줄기세포에 의한 재생의료는 얼마나 진행되고 있는가? 2014년 유도만능줄기세포로부터 유도된 각막을 이식하는 최초의 임상시험이 보고된 바 있다. 그러나 그 이후 줄기세포 이식에 의한 세포 치료에는 극복해야 할 커다란 난점이 있다는 것이 보고되었는데, 배아줄기세포와 유도만능줄기세포 등의 현재까지 수립된 많은 줄기세포들이 돌연변이가 발생했을 때 암이 유발되는 암 유전자^{oncogen}에 돌연변이를 가지고 있다는 것이 발견되어서 학계에 충격을 주었다.[•] 즉 줄기세

[•] Kazutoshi Takahashi and Shinya Yamanaka, S., "Induction of Pluripotent Stem *Cell*s from Mouse Embryonic and Adult Fibroblast Cultures by Defined Factors", *Cell* 126(2006), pp. 663-676.

포 치료를 위한 줄기세포는 게놈 시퀀싱과 동물에서의 발암성 테스트 등의 매우 면밀한 테스트를 거쳐야 하며, 따라서 환자 맞춤형 줄기세포 보다는 수십 종류의 서로 다른 면역적합성 항체를 가지고 있는 줄기세포를 확립한 후, 안전성에 대한 면밀한 검토를 통과한 줄기세포 중 환자에게 면역거부반응을 덜 일으키는 줄기세포를 사용하는 것으로 연구 트렌드가 바뀌고 있다.♦ 결국 '환자 맞춤형 줄기세포'를 수립하기 위해 연구한 10여 년의 노력에도 불구하고 '환자 맞춤형 줄기세포'에 의한 세포 치료는 결국 현실성이 떨어진다는 것이 오늘날의 실정이다.

유도만능줄기세포 개발로 노벨상을 수상한 야마나카 신야Yamanaka Shinya 역시 줄기세포에 대한 기대가 너무나 부풀어 있다는 것에 동의하고 있다.■ 즉 세포 치료의 대상이 되는 질병은 단지 한 종류의 세포의 이상에 의해서 유발되는 질병이고, 여기에는 약 10종의 질병이 있다. 그러나 인간의 몸에는 최소 200종의 세포가 있고, 대개의 질병은 여러 세포의 복합적인 이상으로 발병하기 때문에, 이것을 현행의 줄기세포 기술로 치료하는 것 자체가 현실적으로 무리라는 것이다. 물론 최근에 대두되고 있는 오가노이드organoid와 같은 '미니 장기'가 해결책을 제시할 수도 있다. 그러나 적어도 현재까지의 오가노이드 연구는 질병의 기초 연구를 위한 모델 시스템 정도로는 유용하지만,★ 이것이 실제로 임상적으로 활용할 수 있는 세포 치료 혹은 인공 장기로 발전하기까지는 과연 얼마

◆ Florian T Merkle, et al., "Human pluripotent stem cells recurrently acquire and expand dominant negative P53 mutations" Nature 535(2017), pp. 229–233.

▲ "The Stem-Cell Revolution Is Comming – Slowly" New York Times(Jan 16 2017). 번역은 다음을 참조하라 https://madscientist.wordpress.com/2017/01/17/줄기세포-혁명은-느으으으리게-온다-야마나카-신/

■ 위의 기사.

★ Allya Fatehullah, Sui Hui Tan and Nick Barker, "Organoids as an in vitro model of human development and disease", Nature Cell Biology 18(2016), pp. 246–254.

나 긴 시간이 걸릴지, 혹은 이것이 가능할지는 지금으로서는 미지수다.

이렇듯 2000년대 초, 대중 사이에 퍼졌던 모든 질병을 치료할 수 있는 줄기세포 기반의 재생의학의 시대는 예상처럼 빠르게 도래하지 않은 셈이다. 물론 미래의 발전 여하에 따라서 이 속도가 빨라질 수도 있을 것이다. 그러나 예상치 못한 난관에 부딪혀 실용화가 늦어지거나 아예 불가능할 수도 있다. 즉 줄기세포에 대한 기대와 10여 년간 이 분야의 변화 과정을 바라보면 대중들에게 유행어처럼 언급되던 기초과학 유래의 신기술이 실제로 실용화되기에는 어떤 어려움이 있는지를 절실하게 알게 된다. 그리고 2000년대 초반에 한국 사회가 가졌던 배아복제 줄기세포에 대한 기대가 얼마나 허망하고 과학적인 근거가 희박한 것이었는지도 깨닫게 될 것이다.

혁신의 현실화와 과학기술 연구의 내실

이상에서 보는 것처럼, 적어도 바이오테크놀로지 분야에서 등장한 특정 기술 혹은 기초과학 연구의 성과가 현실화되어 실제로 사회에 큰 경제적인 효과를 가져오는 데는 오랜 시간이 걸린다. '암과의 전쟁'과 같은 예를 보아도 정부의 전폭적인 투자가 기대한 효과를 단기간에 내지 못하는 경우도 매우 많다. 또한 해당 분야의 연구 트렌드가 변화하여 애초에 기대한 것과는 전혀 상반된 효과를 내는 경우도 많다. 즉, 첨단과학과 여기서 유래된 기술의 미래는 해당 분야의 전문가조차도 섣불리 예측하기 힘들다. 미래 과학기술의 발전을 예측하기 힘들다는 것이 연구자 개인의 문제라면, 근본적으로 이는 연구자 개인이 알아서 대응할 문제일 것이다. 그러나 국가적 차원의 연구개발 문제라면 그리 간단하지 않다. 가령 특정한 분야에 대한 투자가 미래에 큰 경제적인 가치를 부여할 것이라는 현재의 '막연한 기대'를 맹신하여, 한참 유행어처럼 언급되는 인기 분야의 연구에 집중적으로 투자하였으나, 정작 해당 분야가 기대한 만큼의 성과를 내지 못하는 경우라면 국가 연구개발의 효율은 더욱 낮아질 수밖에 없다. 과연 해당 분야를 수십 년간 연구한 전문가도 그 미래를 예측하기 힘든 분야에서, 해당 분야의 전문가라고는 보기 힘든 과학 정책의 결정 주체가 그 유래도 불확실한 '유행어'에 기반하여 국가의 과학기술 연구 투자를 결정하는 것은 과연 현명한 일일까? 이는 마치 주식 투자 경험이 없는 소액 투자자가 고수익을 보장한다는 투자자문사의 이야기를 신뢰하여 자신의 재산을 검증되지 않은 '테마주'에 투자하는 것처럼 위험천만한 일일 것이다.

특히 한국과 같이 기초과학 연구의 수준이 높지 않아 미래 유망 기술로 일컬어지는 기술이 대개 국외에서 개발되는 상황에서는, '미래 유망 기술'에 대한 국가적인 집중 투자는 더욱 국가 연구개발의 효율을 떨어뜨린다. 대개 국외에서 유래된 기술로 국내 원천기술에 대한 지적소유권이 없는 상태에서 벌어지는 '미래 유망 기술'에 대한 투자는 대개 '모방 연구' 내지는 '추격 연구'로 귀결되는 경우가 대다수다. 이렇게 투자한 '미래 유망 기술'이 오래지 않아 경제적 부가가치를 창출하는 분야로 성장한다면 모르겠지만, 그 예상조차 어긋나 해당 분야가 경제적 부가가치를 창출하는 데도 실패한다면, 결국 별로 경제적으로 가치가 없는 분야에 대한 '추격 연구'를 국가 예산을 들여서 하는 셈이다. 그동안 한국에서 수행된 수많은 국가 주도의 톱다운top-down 방식의 연구 과제 중에서 과연 얼마나 많은 연구들이 상용화되었으며, 이것이 과연 세계적으로 경쟁력 있는 수준으로 올라왔는지를 냉정하게 되집어볼 필요가 있다.

기초과학에서 유래된 기술이 실제로 산업화되려면 매우 다양한 단계를 거쳐야 한다는 것을 이해해야 한다. 즉 학계에서 이루어지는 원리의 실증Proof-of-Concepts 수준의 기술이 실제로 산업화되는 단계로 이르기 위해서는 수많은 장벽을 넘어서야 하며, 상당수의 기술들은 이 장벽을 넘지 못하고 사장된다. 이렇게 여러 단계의 걸림돌을 넘어선 기술 중 극히 일부만이 시장에서 성공하고 의미있는 사회경제적 가치를 실현하게 된다. 여기에 소요되는 기간은 적어도 한국 기준으로 서너 번의 정권이 교체되고도 남을 시간일 수도 있다. 가령 단일항원항체가 개발된 것은 1974년이고, 여기에 노벨상이 수여된 것은 1984년이지만, 최초의 치료용 단일항원항체가 시장에서 상품화된 것은 1990년대 중반이다. 즉 기술의 최초 등장과 상용화까지 20여 년의 시간차가 있다는 것을 생각할 필요가 있다. 원천 연구로부터 원천기술의 발견, 원천기술로부터 상용화 기술로의 발전 및 상업화 단계를 거쳐본 경험이 극히 드문 한국의 과학기술계가 이런 '혁신의 현실화' 과정에는 긴 시간과 많은 노력이 필요하다는 것을 깨닫기 위해서는, 결국 원천 연구로부터 상업화까지의 전 과정을 거쳐보는 경험이 필요할 것이다. 이를 하루빨리 이루기 위해서는 한국 과학계와 정부가 지금이라도 실체 불명의 유행어에 일희일비하며 귀중한 시간과 재원을 낭비하지 말고, 과학기술 연구의 내실을 다져가는 것이 필수적이라는 것을 강조하며 글을 맺고자 한다.

남궁석

고려대학교 농화학과를 졸업하고, 동 대학원에서 생화학 전공으
로 석사학위와 박사학위를 받았다. 미국 예일대학교와 펜실베이
니아대학교의 박사후연구원을 거쳐 2013년부터 충북대학교 농
업생명과학대학 축산식품생명과학부 초빙교수로 재직하고 있
으며, 주 연구분야는 구조생물학과 동물발생생물학이다.
분자생물학과 생명공학의 역사 등에 대한 글을 블로그 'Secret
Lab of a Mad Scientist'를 통해 게재하고 있으며, 동료 연구자
들과 함께 팟캐스트 '오마메의 바이오톡'을 진행중이다.
과학자의 과학 지식 교류의 혁신에 관심이 많으며, 이의 일환으
로 과학자 간의 수평적인 과학 토론 문화 증진을 위한 대안 학회
'매드사이언스페스티벌'을 2017년 개최하였다.

6장

정부 주도 과학기술 동원 체계의 수립과 진화

1960년대의 유산과 요원한 '과학의 공화국'

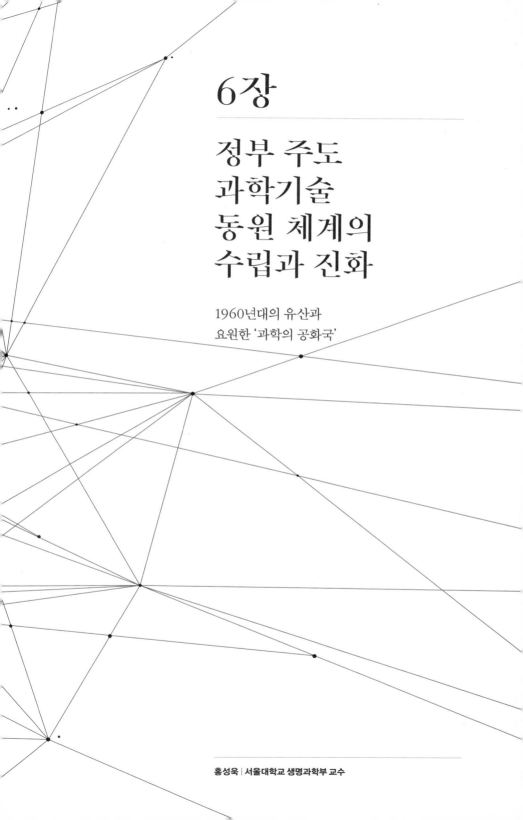

홍성욱 | 서울대학교 생명과학부 교수

1960년대의 유산

1961년에 5·16 쿠데타로 정권을 잡은 박정희는 경제 개발을 통한 빈곤의 탈출, 공산주의의 위협으로부터 민족의 보호, 사회정의의 구현을 국민운동의 방향으로 내걸었다. 박정희 정권은 1962년에 제1차 경제개발 5개년계획을 수립하면서 이를 끌고나가는 동력이 될 수 있는 기술 개발을 위해서 제1차 기술진흥 5개년계획도 수립했다.● 이 당시 경제기획원이 파악한 한국 과학기술의 가장 큰 문제는 기술 인력의 부족과 낙후된 기술 수준이었으며, 제1차 기술진흥계획은 이를 보완하고 극복하기 위한 구체적 실천 방안을 일곱 가지 열거했다.

1) 기술 인력의 수요와 공급 계획을 세운다. 이를 위해 첫째, 경제 개발을 완수하기 위해 필요한 기술 인력의 수요 예측을 추산한다. 이와 현재 국내 기술 인력의 공급 수준을 비교하여 향후 필요하게 될 기술 인력을 양성할 대책을 마련한다.

2) 현재 경제 개발에 투입할 수 있는 기술 인력을 최대한 활용하고 이들의 효용성을 높일 대책을 세운다.

3) 기술 인력을 기술자Engineer, 기술공Technician, 기능공Craftsman으로 구분하여 양성하되 특히 기술공을 중점적으로 양성토록 한다.

4) 기술을 진흥하기 위해 실용적인 과학기술 교육을 실시하고 기술 연구를 장려한다.

5) 경제 개발에 필요한 기술 수요를 위해 외국 기술을 적정하게 도입

● 송성수, 〈한국의 과학기술종합계획에 관한 내용분석: 5개년계획을 중심으로〉, 《과학기술학연구》(7권 1호, 2007), 117–150쪽.

하고 기술 도입 자금을 합리적으로 운영한다.

6) 기술에 대한 국민들의 인식을 새롭게 하기 위하여 기술 보급 활동을 장려한다.

7) 이러한 계획의 미션과 목표를 달성하려면 과학기술 진흥 체계를 갖추어야 한다. 이를 갖추기 위해 과학기술 진흥을 위한 법규와 관련된 행정 조직 및 기관을 설치한다.

이 계획은 공업고등학교 졸업생인 기술공 인력의 확대, 이공계 대학교의 학과 조정, 기술자 고용법과 과학기술진흥법 등 관계 법령의 마련, 과학기술정보센터의 설립 등을 포함하고 있었다. 제1차 기술진흥 5개년계획은 당시 제1차 과학기술진흥계획이라고도 알려졌고, 한 평론가는 이를 가리켜서 "우리 과학기술의 발달상 여러 가지 중요한 과업을 이룬" 것이라고 평가하기도 했다. 그렇지만 말이 과학기술이지, 기술진흥계획의 핵심은 산업기술 현장의 중급 기술 인력을 양성하기 위한 것이었다.

그림 1 　1966년 제2차 기술진흥 5개년계획을 보도한 신문기사

제1차 경제개발 5개년계획이 끝나는 1966년에는 과학기술계에 몇 가지 중요한 사건이 있었다. 한국 과학기술연구원이 기공식을 가졌으며, 정부는 이듬해에 과학기술 전담 부처를 설립하겠다고 공표했다. 그리고 제2차 경제개발 5개년계획에 맞춰서, 제2차 기술진흥 5개년계획을 예고했다. 박정희는 이 계획이 우리나라의 공업화를 위해서 선행되어야 하는 것이라고 하면서, 그 핵심은 인력 개발, 연구 개발, 기술 도입이라고 강조했다. 그런데 여기서 연구 개발은 공업 기술 개발을 의미하는 것이었다. 그렇지만 이 기사를 일면에 실은 《매일경제》는 그 제목에서 기술 진흥(계획)을 '과학 진흥'이라고 불렀고, 본문에서는 기술과 과학기술을 같은 뜻으로 사용했다. 과학과 기술의 혼용은 서양에서는 독자적인 전통을 가지고 발전한 과학과 기술이 거의 동시에 수입되면서 생긴 결과 중 하나였다.●

과학과 기술이 혼용되면서 1960년대 이후에는 과학기술, 과학기술자, 과학기술계 같은 용어가 더욱 자주 사용되기 시작했다. 이 '과학기술'이라는 단어는 어떤 때에는 인간의 정신적인 활동인 과학을 지칭했고, 다른 많은 경우에는 기술을 지칭했다. 예를 들어서 1963년에 만들어진 집권당인 공화당의 강령에서는 "우리는 교육의 발전, 언론의 창달 및 민족문화의 육성과 과학기술의 진흥으로서 문화수준의 향상을 기한다."는 항목이 있었는데, 이때 과학기술은 합리적인 문화나 합리성으로서의 과학을 의미했다. 특히 이러한 의미의 과학기술은 유교 전통과 대조적으로 사용되었다. 기술 정책을 추진했던 정부 관료나 연구자들은 기술 분야의 직업을 천시했던 유교의 잔재가 강하게 남아 있던 당시 상황에서 기술공학 분야로 인력을 유입하기 위해서는 이런 문화적 진

● 〈과학진흥 5개년계획 수립〉, 《매일경제》(1966년 3월 24일).

흥이 반드시 확산되어야 한다고 보았다.

이런 인식은 박정희도 공유하고 있었다. 박정희는 제2차 과학기술진흥 5개년계획을 시작하던 1966년에 "인류 문명의 역사는 바로 과학기술의 발전사이며 그 진보의 확보는 국력의 척도가 된다. …… 과학기술은 오로지 인간만이 향유하는 창의력이며 의지력이므로 한 나라의 발전 의욕을 뒷받침하기 위하여 과학기술은 보다 더 계획적인 인간 의지의 실천으로 개발되어야 한다."고 강조했다. 과학기술진흥계획은 경제 발전 계획인 동시에 국가를 개조하는 계획이었다. 유교의 잔재, 미신, 게으름 등이 당시 대표적으로 거론되던 후진적 풍토였는데, '계획적인 인간 의지의 실천'인 과학기술이 이런 후진적 풍토를 일소할 수 있는 유일한 가능성이었다.◆

같은 해인 1966년에 한국 과학기술자들의 조직체인 '과학기술단체총연합회'(과총)가 설립되어, 5월 19일에 제1회 전국과학기술자 대회를 열었다. 과총은 정권의 요구에 대응해서 과학기술 진흥을 위한 시책을 심의하고 건의하는 것을 포함한 10가지 사업 목적을 천명했으며, 대통령과 국회의장에 보내는 건의문을 작성했다. 그 일부는 아래와 같다.

> 대통령 각하, 국회의장 각하께 다음과 같이 건의합니다. …… 우리들 수십만의 과학기술자로 하여금 경제 도약 단계에 진입하고자 하는 국가 발전의 역사적 중대 시기에 있어서 세종대왕이 측우기를 창조하신 기념의 날을 맞아 충무공의 거북선과 같은 창의에 의한 구국의 공적을 또 다시 우리들이 빛내게 할 기회를 주시어 국가 발전에 총진군할 수 있도록 하여주심을 바라 전국 과학기술자의 총의에 의하여 이

◆ 홍성주, 〈대통령의 리더십과 과학기술의 진흥〉, 《과학기술정책》(통권 189호, 2012년 12월), 194–206쪽.

에 정중히, 그리고 강력히 건의합니다.◆

과총은 이후 과학기술처의 위촉을 받아서 유공포상 대상자 추천, 과학기술상 후보 접수, 위원회 구성, 심사위원 추천 등의 업무를 관장하기 시작했다. 이를 출발로 해서 과총은 경제 개발과 후진국 탈출을 위해 과학기술을 동원하려고 했던 박정희 정부의 든든한 파트너가 되었다.

중화학공업, 유신체제의 시작과 과학기술 동원의 본격화

1971년 1월, 과학기술처의 기획관리실장을 하고 있던 이응선은《동아일보》에 기고한 글에서 새로운 70년대를 위한 과학기술 정책의 개요를 밝히고 있다. 그에 따르면 1960년대는 "경제 개발과 근대화의 정비 작업에 국민적인 노력을 경주했고 과학기술 개발의 터전을 구축한" 시기였다. 정부는 이를 위해서 행정 조직을 정비했고, 연구개발을 위한 20년 장기 계획을 수립했으며, 한국과학기술연구소와 한국과학기술정보센터를 설립하고, 한국과학원의 설립을 추진했다. 그는 1960년대가 토대를 닦은 시기라면 1970년대는 이를 기반으로 도약을 해야 할 시기라고 하면서, 이를 위해서 연구 활동의 본격적 추진, 산업기술의 자립화를 새로운 시대의 목표로 설정했다.◆ 글의 말미에 이응선은 이런 노력이 정부의 힘만 가지고는 결실을 맺기 힘들기 때문에 국민들의 호응이 필요하다고 언급하면서, 정부는 "국민 생활의 과학화운동을 보다 본격적으로 전개하고, 과학인의 정신 자세 진작에도 큰 노력을 기울일 것"이라는 포부

● 김동광·홍윤기, 〈우리나라 과학상을 통해서 본 보상체계의 특성〉, 《과학기술학연구》(7호, 2007), 47~90쪽.

◆ 이응선, 〈행정 연구 풍토 조성에 온 심혈〉, 《동아일보》(1971년 1월 8일).

를 밝혔다. 정부는 1950~1960년대에 여러 차례 미신 타파 운동을 제창하고 이를 주도하면서 생활의 과학화를 강조했는데, 1970년대에 들어서면서는 미신 타파를 위해서가 아니라 연구와 산업기술의 비약적 발전을 위해서 이런 생활의 과학화가 필요하다고 강조하기 시작한 것이다.

1971년 7월 1일에 박정희는 중화학공업화 정책을 선언했고, 같은 해 시작한 제3차 과학기술개발 5개년계획에서는 중화학공업을 위한 기술혁신을 5개년계획의 목표로 삼았다. 그리고 금속공학자 출신으로 원자력연구소와 KIST 소장을 역임했던 최형섭 박사를 2대 과학기술처 장관으로 임명했다. 그는 과학기술처 장관으로 임명된 뒤에 3대 정책 기조를 내세웠고, 6년이 넘는 임기 동안 이를 관철시켰다. 그가 내세운 3대 정책 기조는 아래와 같다.

> 과학기술 기반의 조성 및 강화
> 산업기술의 전략적 개발
> 과학기술의 풍토 조성

과학기술의 풍토는 무엇을 의미할까? 그것은 과학기술자들이 보다 의욕적으로 연구개발에 임하며, 학생들의 과학 활동을 지원하고, 국민 생활의 과학화를 위해 '과학적 사고방식의 함양'을 꾀하는 것이었다. 이를 위해서 1971년 9월에는 과학기술처의 진흥국 내에 조성과가 만들어졌다. 과학기술처는 생활의 과학화를 담당하는 민간인 주체로 한국과학기술진흥재단을 만들어서 재단의 활동을 지원했다. 한국과학기술진흥재단은 그 이름이 여러 번 바뀌어서 지금의 한국과학창의재단으로 이어진다.

박정희는 1972년의 신년사에서 "종합제철을 비롯하여 기계, 조선, 석유화학 등 중화학공업을 크게 일으켜 우리 산업 구조를 근대적인 공업 구조로 전환시켜야"한다고 강조했다. 그는 또 "과학기술의 연구 활동을 본격화하여 근대 산업국가로서의 발전을 뒷받침할 기능을 적극 개발"해야 한다고 했다. 그런데 이 신년사에서만 해도 중화학공업과 과학기술의 발전은 밀접하게 연관되어 있지 않았다. 이는 1972년 전까지 과학기술의 발전에 힘입은 산업 발전의 사례를 꼽기가 쉽지 않았기 때문이기도 했으며, 중화학공업의 발전이 주로 외국과의 기술 교류에 의해서 이루어질 것이라고 생각했기 때문이기도 했다. 1972년 대통령 신년사에서 과학기술은 중화학공업에 대한 설명 속에 포함되어 있다기보다는 '민족문화의 부흥'과 연결되어 있었다.●

1972년 10월 17일에는 '10월 유신'이라고 불린 비상조치가 선포되었다. 이 비상조치는 정당과 정치 활동에 대한 헌법의 효력을 정지시키고

그림 2   1972년 11월 10일에 열린 과총 단체장 회의

10월유신의 적극 참여를 다짐한 한국과학기
술단체총연합회 단체장회의.

● 〈총력안보로 힘찬 전진〉, 《경향신문》(1972년 1월 1일).

국회를 해산했으며, 새로운 헌법개정안과 이에 대한 국민투표가 공지되었다. 이 유신헌법에서는 대통령 직선제가 폐지되고 통일주체국민회의에 의한 간선제가 도입되었으며, 국회 의원의 3분의 1을 대통령의 추천으로 통일주체국민회의에서 선출하고, 대통령에게 헌법 효력을 정지시킬 수 있는 긴급조치권은 물론, 국회해산권 및 법관 임명권을 부여했다. 민주주의의 기초가 되는 삼권분립은 순식간에 무너졌다. 새로운 헌법에서 대통령의 임기는 6년이었지만, 연임 제한이 없었기 때문에 실질적으로는 종신 집권이 가능했다. 이런 독재적인 비상조치를 단행할 때 박정희가 내건 정당성은 국제 정세의 변화, 남북 대화의 지속, 평화통일의 숙원 등이었다.

여러 단체가 유신을 환영하는 성명을 냈는데, 언론에 소개된 것을 보면 과총의 성명이 가장 구체적이었다. 과총(당시 회장 김윤기)은 10·17 특별선언을 '전폭 지지'한다는 성명을 내면서, 1) 새마을운동에 기술봉사단의 활동을 더욱 확대할 것을 다짐하고, 2) 국내 경제 발전의 기반이 되는 기술 혁신에 전력하며, 3) 성공적인 남북 대화에 대응하기 위해서 거국적 과학기술 지원 체제 확립을 갈망한다고 했다.◆ 11월 10일에 열린 과총의 단체장 회의에서는 "새 시대에 맞는 한국적 민주주의를 심는 대업에 과학기술인들이 앞장설 것"이라고 하면서, "국민 경제의 발전과 이를 위한 과학기술은 창달·진흥되어야 한다. 대통령은 경제·과학기술의 창달·진흥을 위하여 필요한 자문기구를 둘 수 있다."는 점을 명시한 유신헌법 제123조가 "과학기술인의 오랜 염원을 성취한 한국 과학사상 획기적인 사실"이라고 지적했다. 이들은 "과학기술 창달에 더욱 분발하고 새마을운동에 적극 참여할 것"을 다짐했다.◆

◆ 〈각단체서 10·17 선언지지〉, 《매일경제》(1972년 10월 20일).

박정희는 11월 초에 유신의 정당성을 아직 오지 않은 미래 한국의 경제 발전과 연결지었다. 구체적으로 1980년에는 수출 100억 달러, 국민소득 1,000달러를 달성할 수 있을 것이라는 상세하고 수량화된 목표를 제시했다. 지난 10년처럼 연평균 9.9퍼센트의 성장을 이루고, 매년 25퍼센트의 수출을 증가시키면 이런 목표가 달성되어 우리도 선진국의 대열에 합류할 수 있다는 것이었다.◆ 이런 급속한 성장은 중화학공업에 의해서 가능할 것이었다. 박정희는 1973년의 신년사에서 정부의 정책 중에서 중화학공업 육성을 가장 중요한 것으로 꼽으면서, 동시에 '전 국민의 과학화운동'을 제창했고, 이를 다시 1980년대 미래와 연결시켰다.

나는 오늘 이 자리에서 국민 여러분에게 경제에 관한 중요한 선언을 하고자 합니다. 우리나라 공업은 이제 바야흐로 중화학공업 시대에 들어갔습니다. 따라서 정부는 이제부터 중화학공업 육성의 시책에 중점을 두는 중화학공업 정책을 선언하는 바입니다. 또 하나 오늘 이 자리에서 우리 국민들에게 내가 제창하고자 하는 것은, 이제부터 우리 모두가 전 국민의 과학화운동을 전개하자는 것입니다. 모든 사람들이 과학기술을 배우고 익히고 개발을 해야 되겠습니다. 그래야 우리 국력이 급속히 늘어날 수 있습니다. 과학기술의 발달 없이는 우리가 절대로 선진 국가가 될 수 없습니다. 80년대에 가서 우리가 100억 달러 수출, 중화학공업의 육성 등등 이러한 목표 달성을 위해서 범국민적인 과학기술의 개발에 총력을 집중해야 되겠습니다. 이것은 초등학교 아동에서부터 대학생, 사회 성인까지 남녀노소할 것 없이 우리가 전부 기술을 배워야 되겠습니다.▲

● 〈과기단체련서도〉, 《경향신문》(1972년 11월 11일).

◆ 〈80년 연수출 100억불 달성〉, 《매일경제》(1972년 11월 7일).

과학기술은 중화학공업의 발전, 그리고 이를 통해 100억 달러 수출과 1,000달러 국민소득이라는 미래를 견인하는 동력이었다. 박정희의 반민주주의적인 10월 유신은 10년 뒤인 1980년에 대한 장밋빛 비전으로 그 정당성을 부여받았는데, 이런 미래를 가능케 하는 힘이 다름 아닌 과학기술이었던 것이다. 10월 유신 이후에 과학기술은 국가 안보와 더불어 박정희 정권을 유지시켜주는 가장 강력한 주춧돌이 되었다.

박정희의 신년사가 발표된 직후, 과총은 〈과학 유신의 방안〉이라는 건의문을 발표했다. 이 건의문에서 과총은 1972년 3월에 발족한 '새마을기술봉사단'을 적극 활용해서 전 농민의 기술자화와 전 국토의 산업

표 1   과총에 대한 국고 지원금의 변화

연도	국고 지원금(원)	연도	국고 지원금(원)
1966	–	1976	173,937,650
1967	1,780,000	1977	159,400,000
1968	1,000,000	1978	125,360,000
1969	4,080,000	1979	267,700,000
1970	2,700,000	1980	342,070,000
1971	2,400,000	1981	365,237,000
1972	13,120,000	1982	446,987,000
1973	97,400,000	1983	273,978,000
1974	94,447,000	1984	263,982,000
1975	39,568,370		

새마을기술봉사단이 출범한 1972년, 유신체제와 중화학공업 정책이 본격 가동된 1973년에 예산이 급증했음을 알 수 있다.

▲ 박정희, 〈1973년도 연두기자회견〉, 《박정희 대통령 연설문집》(제10집, 대통령비서실, 1973), 25-63쪽, 특히 58-59쪽. 여기에서는 송성수, 〈'전(全) 국민의 과학화운동'의 출현과 쇠퇴〉, 《한국과학사학회지》(30권 1호, 2008), 171-212쪽 중 174쪽에서 재인용.

권화를 추진할 수 있다는 것을 정부에 상기시켰다. 산업 현장에서의 기술 개발 외에도 과학기술자들이 유신에 기여할 수 있는 방법이 새마을 기술봉사단이었다. 그렇지만 새마을기술봉사단 같은 활동을 열심히 하는 데는 정부의 지원이 필요했다. 과총은 같은 건의문에서 과학기술회관(과총회관) 건립을 위한 기성회에 대한 정부의 지원과 연 10억 원 규모의 과학기술재단 설립을 요청했으며, 무역진흥공사와 비슷한 기술개발공사를 설립해서 기간 산업 건설, 수출 전략 산업 계획, 국토 개발에 국내 기술을 동원할 수 있는 길을 열어주자고 정부에 제안했다.● 정부는 과학재단의 설립을 적극적으로 검토하기 시작했다. 1972년에 만들어졌지만 특별한 주목을 받지 못했던 새마을기술봉사단은 전 국민 과학화운동이 시작되면서 국가적 아젠다에 올라 탈 수 있는 기회를 얻은 것이다.◆

박정희는 1973년 3월 23일 전주시에서 열린 전국교육자대회에서의 치사를 통해 1) 농촌의 획기적 발전, 2) 중화학공업의 육성, 3) 수출의 대폭 신장이라는 국력 배양의 3대 목표를 위해서 과학과 기술의 진흥이 긴요하다고 독려했다. 그는 울산공업지구보다 더 큰 공업 지구를 여섯 개 건설할 예정이며, 여기에 84만 명의 기술자가 필요하다고 하면서, "이 84만 명의 기술자들이 바로 우리나라 GNP의 50퍼센트 이상을 만들어내고 수출 100억 달러의 50퍼센트 이상을 담당하게 될 중화학공업의 역군"들이라고 칭찬했다. 그는 또 "과학을 앞세우고 과학을 일상생활에 활용할 줄 아는 과학적 생활 풍토의 조성과 과학 및 기술 교육 제도의 대폭적인 개선을 통해 국민의 과학화운동을 강력히 추진해 나가야 한

● 〈과기단체련, 과학유신 방안건의 '새마을기술봉사단 활용'〉, 《경향신문》(1973년 1월 15일).

◆ Young-Mi Lee and Sungook Hong, "Technoscience and Politics in Korea in the 1970s: 'Scientification of All People Movement' and the 'Saemaul Technical Service Corps'", *Historia Scientiarum* 21, pp. 174-192.

다."고 강조하면서, 국민의 과학화가 사고방식과 생활 습성을 과학화해서 과학 지식을 새마을운동과 식목 조림 사업에 유용하게 활용하는 국민을 만드는 운동이라고 지적했다. 박정희는 이를 위해서 '과학적 생활 풍토를 조성하는 일'과 '기술 교육 제도의 개선'이라는 두 가지 방향의 정책이 추진되어야 한다고 강조했다.

대통령의 요청에 과학기술자들은 즉각 화답했다. 1973년 4월 21일은 제6회 '과학의 날'이었고, 그날 행사의 축사를 맡은 김종필 국무총리는 과학기술자들에게 '국민을 위한 과학'과 '국민에 의한 기술'을 행동 요령으로 삼을 것을 촉구했다. 전자는 경제 발전이고 후자는 전 국민의 과학화운동을 염두에 둔 얘기였다.▲ 최형섭 과학기술처 장관은 과학화운동이 불붙고 있다고 화답했으며, 그 자리에 모인 과학기술인들은 다음과 같은 네 가지 결의문을 채택했다.

우리는 '전 국민의 과학화운동'에 앞장서서 전 국토의 산업권화, 전 일손의 기술자화를 촉진함에 능동적으로 참여하여 전력을 기울인다.

우리는 기술 혁신을 성취하여 100억 달러 수출과 1,000달러 소득의 국가 경제 개발 목표 달성에 적극 기여한다.

우리는 새마을운동을 과학기술로서 적극 지원함으로써 농어촌의 획기적 발전에 이바지한다.

우리는 과학기술 창조와 산학 협동에 정진함으로써 복지사회 건설에 공헌한다.

이렇게 시작한 전 국민의 과학화운동은 1973년 8월에 과학기술처에 의

▲ 〈과학기술 자립화에 분투, 김총리 치사〉, 《동아일보》(1973년 4월 21일).

해서 실천 계획안이 마련되었다. 이 실천 계획안의 세 가지 기본 방향은 국민의 사고와 생활을 과학화하고, 국민 모두 한 가지 기술을 익히며, 산업기술을 개발하는 것이었다.[•] 정부가 과학기술인에게 요구한 것은 기술자의 배출이었다. 실업계 고교생은 실기에 능한 기술자로, 전문대생은 현장에 능한 기술자로, 그리고 이공계생은 신기술 적응력이 높은 기술자로 키우는 것이었다. 기존의 기술자들은 기술사 수준으로 올리고, 기능자들은 마이스터[Meister]화를 꾀했다. 과학자에겐 무엇을 요구했을까? 과학자는 국가 목표에 부응한 연구개발을 수행하는 사람이 되어야 했다. 주부, 학생, 직장인에게는 과학 원리를 체득하고 생활을 과학화하도록 독려했다. 정부는 공업고등학교와 공과대학 교육을 지원하고, 선진국과의 기술 교류를 확대하며, 연구 학원 도시를 건설할 계획을 세우고, 5대 공업 연구 기관 설립을 추진한다고 약속했다.

최형섭의 개발도상국 발전론과 산업기술 위주의 과기 정책

여기서 보듯이 박정희 정권의 과학기술 동원 체제는 유신체제를 유지하기 위한 미래의 약속, 즉 중화학공업을 위주로 한 산업기술의 발전, 조국 근대화, 수출 100억 달러의 80년대라는 정치적 목적을 위한 것이었다. 이런 동원 체제 속에서 산업기술 연구를 주로 담당하던 정부 출연 연구소에 비해서 대학은 상대적으로 경시되었고, 공업학교와 공과대학에 비해서 기초 연구를 수행하는 이과대학 역시 무시되었다. 사실 이는 1960년대부터 1970년대 후반까지 계속된 정책 기조였다.

[•] 송성수, 〈'전全 국민의 과학화운동'의 출현과 쇠퇴〉(2008).

그런데 이런 식의 체제에 대한 문제점이 드러났고 이에 대한 비판도 제기되었다. 무엇보다 대학의 교육 수준이 낮다는 것이 문제가 되기 시작했다. 또 외국의 선진 대학에서 공부를 하고 귀국한 과학자 중에서 대학의 정체가 연구 인력을 키우지 못하는 결과를 낳고, 이것이 다시 자신들의 연구를 가로막는다며 불평을 제기하는 사람들이 생겼다. 정부는 1973년에 한국과학원(KAIS, 지금의 한국 과학기술원[KAIST])을 출범시킴으로써 이런 문제를 극복해보려고 했다. 그렇지만 초창기 한국과학원은 과학을 위한 기관과는 거리가 멀었다. 한국과학원은 기계공학과, 산업공학과, 생물공학과, 수학 및 물리학과, 재료공학과, 전기 및 전자공학과, 화학 및 화학공학과의 일곱 개 과로 이루어졌는데, 이 학교는 "교육과 연구를 통해 과학의 발전과 기술의 혁신을 선도하여 국가 사회에 이바지하고 산학협동에 참여할 수 있는 자질을 갖춘 과학기술자를 양성"하는 목적으로 세워졌다. 당시 과학기술처 장관 최형섭은 "한국과학원은 결코 단순한 학문을 위한 탁월성의 중심이 아니라 국가 경제 발전을 위한 당면 문제와의 관련성 중심이 되어야 한다."라는 취지를 천명했다. 산업을 위한 공학기술 인력의 육성이 한국과학원의 전략적 목표였으며, 과학은 이들에게 공학의 기초가 되는 수학, 물리학, 화학, 생물학 교육을 담당하는 역할을 맡았다. 이러한 역할의 분담은 대학을 생각할 때에도 비슷했다. 과학은 그 자체로 의미를 가진다기보다는, 실용적인 학문을 위한 교육을 담당하거나 국민을 계몽하는 '생활 과학화'의 임무를 담당했다.◆

　　1960~70년대 박정희 체제의 과학기술 동원에 큰 영향을 미쳤던 최형섭의 과학기술 정책은 한국과 같은 저개발국에서 어떻게 하면 단 시간

◆　강미화, 〈최형섭의 과학기술정책론: '개발도상국의 과학기술개발 전략' 분석〉, 《한국과학사학회지》(제28권 제2호, 2006), 297-328쪽, 309-310쪽에서 인용.

에 과학기술을 발전시키는가에 대한 그의 확고한 비전에 근거했다. 선진국이 되는 것은 선진국이 가지고 있는 과학기술 제도와 거의 비슷한 것을 갖춘다는 것을 의미했지만, 이를 갖추는 순서는 동일할 필요가 없었다. 아니, 그 순서가 동일해서는 안 되는 것이었다. 선진국의 과학은 오랜 역사를 거치면서 발전했고, 역시 오랜 시행착오를 거치면서 기술이나 산업과의 접점을 만들었다. 그래서 선진국에서는 주로 대학에서 수행되는 기초과학에 대한 광범위한 정부의 지원이 이루어지고 있었고, 산업 기술의 발전은 주로 기업에서 수행하고 있었다. 그렇지만 한국과 같은 개발도상국에서 가장 중요한 것은 우리가 발전시킬 산업을 전략적으로 선택하는 것이었다. 1960년대에는 수입을 대체할 수 있는 경공업이 전략 산업이었고, 1970년대에는 수출 중심의 중화학공업이 그것이었다. 그런 뒤에 이런 산업에 필요한 기술이 무엇인가를 선별해서, 이 선별된 기술 인력을 집중적으로 키워야 했다.●

단기간에 고급 기술 인력을 키울 수 있는 방법은 우수한 인재를 선진국으로 유학 보내는 것이었다. 1960년대에는 이런 유학 인력이 국내 핵심 기술 인력의 대부분이었지만, 1970년대에 들어서는 유학 인력만으로는 중화학공업 분야의 급증하는 기술 인력의 수요를 맞추지 못하며, 또 국내 산업기술의 특성을 잘 아는 인력이 필요하다는 요구 때문에 국내 교육기관의 확충이 필요했다. 기술이 복잡해지면서 외국의 기술을 수입해 오더라도, 이를 소화해서 국내 실정에 맞게 활용할 수 있는 역량이 있어야 했던 것이다. 최형섭은 이를 다음과 같이 요약했다.

● 이에 대해서는 Sungook Hong, "Rethinking the Debate over a 'National Science' in Korea: Reflection on the Interactions between STS and the History of Science and Technology" International Conference on "Linking STS and the Social Sciences: Transforming 'the Social'?" Seoul National University (29 October 2011)를 참조.

한 나라의 경제 발전에 필요한 기술 개발을 위해서는 그 나라의 발전 목표와 그 나라가 지니고 있는 자원 및 능력을 감안하여 전략 산업의 결정과 이에 따른 전략 기술이 선정되어야 한다. …… 이 중 전략적으로 개발하여야 할 고도의 산업기술은 일반적으로 선진국에서 이미 개발되어 사용 중에 있는 것이 대부분이다. 이러한 고도의 기술은 기술 역량이 미약한 개발도상국에서는 쉽게 만들어내기 어렵다. 따라서 국가가 그 나라의 여건을 고려하여 선진 기술을 선정, 도입하고 소화하여 그 결과를 민간 기업에 이식시켜나갈 기술 개발의 매개체가 필요하다.◆

연구 기관인 KIST와 고급 기술 인력 교육기관인 한국과학원이 홍릉에 자리 잡으면서, 홍릉 지역은 자연스럽게 연구 단지로 발전했다. 최형섭은 제3차 과학기술개발 5개년계획에서 홍릉 연구 단지의 체계를 세웠다. 여기에는 신기술 개발을 주도하는 한국과학기술연구소, 경제와 산업 구조를 분석하는 한국개발원, 인력을 육성하는 한국과학원, 군사화를 선도하는 한국국방과학연구소, 그리고 해외 과학기술 정보를 수집해서 국내에 배포하는 과학기술정보센터 등이 위치했다. 그렇지만 이 연구소들만으로는 팽창하는 중화학공업의 요구를 충족시키기에 부족했다. 최형섭은 1970년대를 통해서 제2의 연구 학원 도시를 만들기 위해 노력했고, 결국 이런 노력은 대덕에 연구 단지를 건립함으로써 결실을 맺었다. 여기에는 새롭게 생긴 한국표준연구소, 통신기술연구소, 전자기술연구소 등이 자리를 잡았다. 홍릉 단지, 대덕 단지 모두 정부에서 지원하는 출연 연구소를 위한 것이었고, 이 연구소들의 목적은 산업 발

◆　홍성주, 〈대통령의 리더십과 과학기술의 진흥〉, 204쪽에서 재인용.

전을 뒷받침해주는 것이었다.

1960년대 중반부터 1970년대 말까지 박정희 정권의 과학기술 정책은 정부 출연 연구소 위주였다. 당시 기업은 기술 개발의 의지가 없었고, 대학은 지원을 받지 못하는 상황에서 낙후되어 있었다. 인력이 더 필요하다 싶으면 공업고등학교, 공과대학교, 한국과학원 같은 교육기관을 설립했다. 정부는 화학, 전자, 컴퓨터처럼 새로운 기술 수요가 생기면 이를 담당하는 출연 연구소를 설립하는 식으로 기반을 확장해나갔다. 당시 정부 출연 연구소들은 실제 기술 개발을 선도하지는 못했다. 산업체는 기술 수입, 외국과의 기술 제휴 등을 통해서 필요한 기술을 들여왔다. 출연 연구소들은 연구 활동을 통해서 기술 개발을 이룰 수 있다는 인식을 널리 퍼뜨리고, 정부로 하여금 기술개발촉진법 등을 제정하게 하는 데

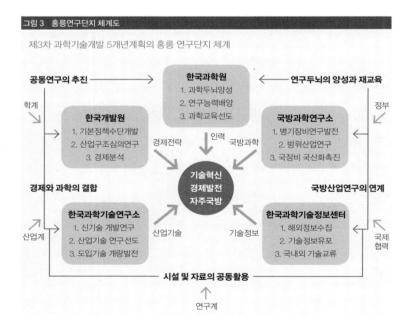

그림 3 홍릉연구단지 체계도

제3차 과학기술개발 5개년계획의 홍릉 연구단지 체계

중요한 역할을 했다.● 그렇지만 이렇게 두드러진 산업기술의 성장에 가
려서 한국의 기초과학은 적절한 지원을 받지 못하고 있었다.

공학 기술을 강조하는 정책적 편향은 대학 연구를 지원하는 과정에
도 그대로 남아 있었다. 최형섭은 대학 연구를 지원하는 기관을 문교부
를 통해서 만들려고 했지만 실패했고, 이를 과학기술처 내에 만들려던
시도도 경제기획원의 반대로 무산되었다. 이런 실패를 겪었지만, 과학기
술처는 미국의 국립과학아카데미에서 한국에 과학재단을 설립하라고
권유했다는 사실을 들어서 1976년에 재단 설립에 대한 법률을 통과시
켰고, 1977년에 재단을 출범시켰다. 이 과정에서 중요한 역할을 했고, 초
대 과학재단의 이사장으로 취임한 최형섭은 그 배경에 대해서 다음과
같이 서술했다.

> 지난 3차에 걸친 경제개발 5개년계획 기간 중에 우리나라 과학기술
> 개발은 기반이 공고히 되었으며, 4차 계획 기간 중에는 이제까지 쌓아
> 올린 기반을 토대로 하여 기술 자립을 도모하고, 기술 혁신을 촉진하
> 여 경제 개발을 적극 선도해야 할 시점에 와 있다고 생각합니다. 이와
> 같은 차원 높은 과학기술을 발전시켜나가기 위해서는 대학의 기초 연
> 구 활동을 육성하여 국가 과학기술의 저력을 축적시키고, 대학에 존
> 재하는 방대한 연구 인력을 국가 경제 발전과 과학기술 개발에 적극
> 참여 기여케 할 수 있는 여건의 조성이 필요한 것입니다.◆

여기서 보듯이 대학의 연구를 지원하는 과학재단의 목표는 두 가지였
다. 하나는 기초 연구를 육성해서 국가 과학기술의 토대를 튼튼히 하는

● 문만용, 《과학기술연구체제》 463.

◆ 강기천, 〈한국과학재단의 설립과 대학의 기초연구, 1962–1989〉(서
　울대학교 대학원 과학사 및 과학철학 전공 석사학위논문, 2014), 인용은
　42쪽.

것이었다. 이는 정부 지원에서 상대적으로 소외되었던 과학자들이 계속 주장하던 것이었다. 그렇지만 과학재단은 또 다른 목표를 가지고 있었는데, 그것은 대학의 교육을 진작시켜서 고급 과학기술 연구 인력을 만들어내는 것이었다. 이는 1960~70년대 정부가 추진했던 산업기술을 위한 과학기술 인력 양성 정책의 연장이었다. 과학재단은 기초과학에 대한 지원보다는 기술 분야의 인력 양성에 더 신경을 썼다.

과학재단은 1960년대부터 과학기술자들, 특히 과학자들의 염원이었다. 1977년 과학의 날 행사에서 최규하 국무총리는 과학재단의 설립을 선언하면서 "연구 개발 체제의 확립 등 시책을 통해서 과학기술 기반을 구축"하자고 치사했고, 과학기술자들은 다시 네 가지 사항을 결의함으로써 이에 화답했다.●

우리 모든 과학기술인은 …… 방위산업 육성을 기하여 자주국방 체제 확립에 적극 기여한다.

우리 모든 과학기술인은 1980년대 선진 공업국으로 도약할 수 있는 과학기술 인력 양성에 총력을 경주한다.

우리 모든 과학기술인은 과학기술자윤리요강을 준수, 이행한다.

우리 모든 과학기술인은 새마을 기술 봉사 활동에 진력하는 한편, 한 과학기술자 한 마을 기술 결연에 참여하여 전 국민의 과학화에 헌신한다.

박정희는 1974년부터 유신체제에 대한 반대를 억누르기 위해서 긴급조치를 남발했다. 1977년은 정치와 사회 각 분야에서 그러한 유신체제의

● 〈산업기술 전략적 개발 주력〉, 《매일 경제》(1977년 4월 21일).

여러 가지 문제점들이 분명하게 드러나기 시작하던 시기였다. 대학에서 유신체제에 대한 반대는 점점 더 격렬해졌지만, 같은 시점에 과학기술 자들은 박정희 정권을 이념적으로 지탱해준 새마을기술봉사단 활동과 전 국민의 과학화운동에 진력할 것을 다시 결의했던 것이다.

　1978년 말에 최형섭 장관은 7년 6개월이라는 건국 이래 최장수 장관 직에서 물러났다. 그는 장관에서 물러나면서 한국의 과학기술이 '모방 이 아닌 창조의 조짐'이 곳곳에서 보인다는 희망적인 분석을 제시하면 서, 과학기술이 '경제 개발만이 아니라 국가 발전을 선도해야 할 당위성' 을 맡고 있다고 설명했다.[◆] 과학기술이 경제 개발만이 아니라 국가 발전 을 선도해야 한다는 얘기는 무엇을 의미하는 것일까? 최형섭은 이듬해 에 진행된 대담에서 "기초과학 분야에 좀 더 많은 투자가 있어야 한다." 고 하면서, 기초 분야에 대한 연구 축적 없이 창조적인 기술 개발은 있을 수 없다고 강조했다. 그렇지만 이러한 얘기가 기초과학에 대한 투자가 선진국에서의 투자와 비슷하게 이루어져야 한다는 것은 아니었다. 그 는 "우리의 여건에서 모든 기초과학 분야의 육성에 힘을 기울일 수는 없 고" 따라서 "당분간 기초과학 분야의 육성은 목적 연구Oriented research 쪽 으로 몰아가야 할 것"이라고 강조했다.[▲]

'경로의존성': 1980년대 이후

1970년대의 한국이 미국이나 일본처럼 기초 연구를 지원하기 힘들다 는 데는 많은 이들이 동의할 수 있었다. 그런데 문제는 1970년대의 경험

◆　〈창조시대 맞은 우리 과학기술 – 인터뷰 최형섭 전과기처장관〉, 《동 아일보》(1978년 12월 26일).

▲　강미화, 315–316쪽에서 재인용.

이 그 이후의 연구개발 정책의 큰 방향을 결정했고, 이것이 우리나라의 국부와 연구개발비가 모두 증가한 뒤에도 계속되었다는 것이다. 경제학자들이 얘기하는 일종의 경로의존성path-dependency이 생긴 것이다.

1980년대 이후 역사를 여기에서 상세히 분석하기는 어렵기 때문에, 한두 가지 사례만 언급하려 한다. 한국 과학기술원을 세우는 데 큰 역할을 했던 물리학자 정근모 박사는 1970년대의 과학기술 교육기관이 산업의 요구를 만족시키는 인력을 배출해야 한다는 데 공감했다. 그렇지만 그는 이것이 한국 과학기술의 종착역이 아니라고 생각했다. KAIST 모델에서는 기초과학을 등한시했기 때문에, 한국의 기술 수준이 어느 정도 올라서면 기초과학을 위한 전문 연구 기관을 만들어야 한다고 생각했다. 1995년에 그는 과학기술부 장관이 되었고, 국제적 수준의 과학 연구를 담당해서 한국을 '번영의 길'로 이끌면서 노벨상을 낳을 '고등과학원Korea Institute for Advanced Study'을 구상하고 이를 발족시켰다. 그렇지만 고등과학원은 여러 반대에 부딪혔고, 결국 과학의 이론 분과만을 포함하는 작은 조직으로 출범했다.●

1980년대 이후 군사 쿠데타로 정권을 잡은 전두환 정부는 국가 출연 연구소만이 아니라, 대학과 산업체의 모든 연구 기관을 정부가 관리하고 통제하기 위한 '특정연구개발사업'을 출범시켰다. 특정연구개발사업의 핵심은 선진국과 경쟁하기 위한 전략 기술을 개발하기 위해서 정부 출연 연구소, 기업체 연구소, 대학이 연합해서 컨소시엄 비슷한 것을 만들고, 군대에서 사용하는 일정 관리 기법을 이용해서 연구 진도를 체크하면서 협동 연구를 수행하는 것이었다. 4M DRAM 같은 기술이 이런 과정을 통해서 만들어졌고, 이는 한국에서의 기술 혁신은 물론 우리나

● Dong—Won Kim and Stuart W. Leslie, "Winning Markets or Winning Nobel Prizes? Kaist and the Challenges of Late Industrialization," *Osiris* 13(1998), pp. 154–185.

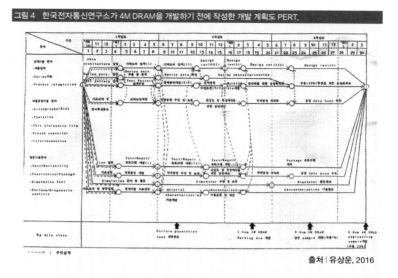

그림 4 한국전자통신연구소가 4M DRAM을 개발하기 전에 작성한 개발 계획도 PERT.

출처 | 유상운, 2016

PERT는 미국 공병에서 개발해서 경부고속도로 같은 건설사업과 무기개발 등에 사용되었다.

라의 과학기술 정책의 대표적 성공 사례로 꼽힌다.◆

그렇지만 이런 사업에 대학이 포함되었다고 해서 대학의 과학 연구가 지원을 받았던 것은 아니다. 이 사례에서 보듯이 1980년대 이후에도 국가 과학기술 정책의 핵심은 산업에 유용한 기술 개발이었다. 특정연구개발사업은 '핵심거점산업기술'(1982년), '2000년대를 향한 과학기술발전 장기계획'(1986년), '첨단기술개발사업 추진계획(안)'(1989년) 등의 세부 계획에서 볼 수 있듯이, 기본적으로 '핵심 산업을 중점적으로 개발'하는 것이었다. 이는 1990년대에 들어서도 크게 변하지 않았다. 1991년에 정부는 연구비를 증액해서 '2000년대 과학기술 선진 7개국 수준 진입을 위한 선도 기술 개발 사업 추진 계획', 즉 소위 'G7 프로젝트 계획'을 발표하고 이를 야심차게 추진하기 시작했는데, 이 역시 산업기술에

◆ 유상운, 〈무기개발로서의 국가연구개발? 특정연구개발사업의 기원과 그 성격〉, 《한국과학기술학회 전기학술대회 발표자료집》(2016년 5월 27~28일, 강릉원주대), 135~151쪽.

만 초점을 맞춘 것이었다.

1998년에 김대중 정부가 들어서면서 과학기술 자문회의 의장을 맡은 박익수는《한겨레》와의 인터뷰에서 당시 과학기술 정책의 문제를 이렇게 진단했다.

> 정부 출연 연구소의 목표 상실이 심각한 문제이다. 이들 연구소는 경제개발 5개년계획을 전략적으로 집중 지원한다는 목표 아래 60년대부터 만들어졌으나, 조직이 커지고 장관과 소장들이 계속해서 바뀌고 민간, 대학의 연구 기능이 확충되면서 목표가 희미해졌다. 예를 들어, 기계연구원 하면 기계에 대한 오만가지 연구를 다 하는 연구소로 변질되어가고 있는 실정이다. 또한 정부의 과학기술 분야 국책 목표는 사회 경제 환경 등을 고려해 설정돼야 하는데, 선진국이 하니까 따라 하는 식이 많다. 그러다보니 과제는 거창하고 연구비는 적어, 결국 실패할 수밖에 없었다. 우리 실정에 맞게 국가 연구소의 목표가 재설정돼야 한다."●

정부가 과학 연구를 '본격적으로' 지원하기 시작한 것은 1990년대 말엽부터였다. 1997년에 과학기술부는 매년 5억~20억 원을 최대 9년 동안 지원하는 '창의적 연구 진흥사업'을 출범시켜서, 27개 팀의 연구를 지원하기 시작했다. 김대중 정부가 들어선 1998년 말에 정부는 1997년에 65:15:20이었던 정부 출연 연구소, 대학, 기업의 정부 연구개발비 배분 비율을 1999년에는 40:30:30으로 조정하겠다고 발표했다. 정부 출연 연구소 중심의 연구개발 체제에서 탈피해 대학과 기업을 더 지원하겠다는

● 〈인터뷰 − 국가과학기술 자문회의 박익수 위원장〉,《한겨레》(1998년 5월 11일).

의도였다. 또 김대중 정부는 'G7 프로젝트'의 후속 작업으로 생명과학, 신소재, 신물질 등을 포함한 '21세기 프론티어 사업'을 출범시키고, 100여 개의 국가지정연구실을 지정해서 우수 연구 집단을 키우는 정책도 공표했다. 1999년에는 대학원 학생들을 지원하는 BK21 사업이 시작되었다.

조금 과장을 섞어서 얘기한다면, 우리나라에 서양의 과학기술이 본격적으로 들어온 것은 1960년대 이후였다. 일본보다 100년, 중국보다 50년 늦은 셈이다. 그런데 1990년대 후반기에 이르기까지 한국 정부가 지원한 것은 과학이 아니라 산업기술이었다. 과학은 연구자들의 열정 하나로 근근이 맥을 유지했고, 산업기술에 비해서 30여 년 더 늦게 지원을 받기 시작했다. 2017년을 기준으로 이제 약 20년 지원을 받은 셈인 것이다.

독립적인 과학의 공화국을 꿈꾸며

1990년대 후반부터 시작된 과학에 대한 정부 지원을 제대로 평가하는 것은 쉽지 않은 일이다. 무엇보다 이에 대한 본격적인 역사 연구와 평가가 부족하다. 몇 가지 특징들만 지적해보자. 지금은 정부가 과학을 지원하고 과학에 관심을 갖지만, 과학의 지원에서도 산업기술을 지원했던 톱다운 방식이 아직도 너무 많다. 이런 톱다운 방식의 지원이 한국 과학기술 정책의 50년을 특징지었기 때문에, 관료와 정치인은 물론, 많은 과학기술자들이 (심지어 몇몇 영향력 있는 과학자들도) 이를 당연하게 생각한다. 심지어 이런 정책이 바람직한 '한국적인' 정책이라고 생각하는 사람도 있다.

　박정희 시대를 특징지었던 국가에 의한 과학기술의 정치적, 이데올로기적 '동원'은 사라졌지만, 더 나은 미래를 위한 과학기술의 약속은 아직도 과학기술의 지원을 정당화하는 데 사용된다. 이명박 정부의 747계획, 박근혜 정부의 창조경제, 그리고 지금 문재인 정부의 4차 산업혁명이 모두 미래를 약속한다. 언론에 의한 반복적인 보도는 이것이 곧 실현될 것 같은 느낌을 주면서, 이를 위한 정부의 투자에 정당성을 제공해준다. 지금 과학기술계에 불고 있는 4차 산업혁명에 대한 열풍에서 볼 수 있듯이, 이런 정당화는 정부와 과학기술자 사회 양측의 결속에 의해서 강화된다. 과학기술자 사회는 질적으로나 양적으로 훨씬 더 성장했지만, 정부의 정책에 '결의'로 화답하는 형태의 정부 의존적인 성향은 아직도 잔존한다. 마이클 폴라니^{Michael Polanyi}가 얘기했던 독립적이고 자율적인 '과학의 공화국^{Republic of Science}'이 되지 못하고 있는 것이다.● 정부의 간섭과 통제를 당연하게 생각하지 않는 과학기술자 공동체의 싹이 피어나고 있지만, 이 싹이 더 큰 줄기가 되고 더 굳건한 뿌리를 내려야 한다. 그리고 이런 공동체가 성장해서 박정희 시대에 뿌리를 내린 국가에 의한 과학기술 동원 체제를 그 뿌리부터 개혁해야 할 것이다.

● 　Michael Polanyi, "The Republic of Science: Its Political and Economic Theory," *Minerva* 1(1962), pp. 54–73.

홍성욱

서울대학교 물리학과를 졸업하고 과학사 및 과학철학 협동과정에서 석사학위와 박사학위를 받았다. 1992년 미국 과학사학회에서 박사 과정 학생을 대상으로 수여하는 최우수 논문상인 슈만상을, 1996년에는 미국 기술사학회의 IEEE 종신회원상을 받았다. 캐나다 토론토 대학교 교수를 거쳐 2003년부터 서울대학교 과학사 및 과학철학 협동과정과 생명과학부 교수로 재직하고 있다. 과학사 분야를 비롯해 과학기술학Science and Technology Studies(STS) 분야에서 수많은 저서와 논문을 발표했다.

MIT에서 출판되어 호평을 받은 무선통신의 역사에 관한 책 《*Wireless: From Marconi's Black-Box to the Audion*》를 비롯해 《과학은 얼마나》, 《그림으로 보는 과학의 숨은 역사》, 《인간의 얼굴을 한 과학》, 《홍성욱의 STS, 과학을 경청하다》 등의 책을 펴냈으며 《융합이란 무엇인가》, 《인간 · 사물 · 동맹》, 《과학기술학의 세계》 등의 책을 엮었다. 2013년에는 토머스 쿤의 《과학 혁명의 구조》(4판)를 공역했다.

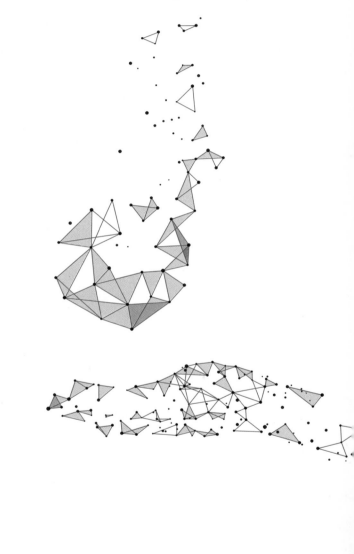

7장

'기초'라는
혁명

기초과학 연구의 중요성과
혁신의 의미

김우재 | 초파리 유전학자, 오타와대학교 의과대학 교수

"때로 기초 연구는 단기간의 효용이 없다는 이유로 오해를 사곤 한다. ……민간의 투자가 꾸물거리는 경우가 있다. 예를 들어 청정 공기 문제처럼, 혁신이 공공의 이익으로만 돌아오는 경우라든가, 완전히 새로운 방식의 항생제처럼 투자자가 가치를 산정하기 어렵거나 지나치게 위험한 투자일 경우, 혹은 양자 컴퓨팅이나 융합에너지처럼 기술적으로 너무 복잡해서 성과가 예측 불가능할 때가 그렇다. 이런 경우 정부의 투자가 없다면 혁신은 지체될 수밖에 없다. ……더 심각한 문제는 연방 연구비를 받은 이들의 절반 이상이 연구 주제를 바꾸고 있다는 점이다. 그들은 기초 연구 분야를 떠나고 있다."•

박정희 패러다임

대통령 후보였던 문재인은 2017년 2월 1일 〈미래를 위한 담대한 도전, 4차 산업혁명〉이라는 기조연설을 통해 기회의 땅이었던 대한민국이 9년의 세월을 허송했다며 이렇게 말한다. "4차 산업혁명의 준비에서 까마득히 뒤쳐졌습니다." 연설문 초반에 아무런 설명도 없이 등장하는 이 단어를, 대통령 후보 문재인은 어떻게 인식하고 있던 것일까? 그가 말하는 4차 산업혁명의 예는 미국의 인공지능이고, 디지털 혁신 기업이며, 전기차이기도 하고, 중국의 '사이버 강국'이 목표로 하는 무엇이다. 그렇다면 왜 혁명을 해야 하는가? 우리는 다시 뛰어야 하고, 뒤쳐져서는 안되기 때문이다. "그래야 미래의 먹을거리, 신성장동력을 만들 수" 있기 때문이다. 이를 위해 대통령이 되면 대통령 직속 '4차 산업혁명 위원회'

• Marc A. Kastner, "The Future Postponed,"(2015), pp. 1–35.

를 만들고, 대통령의 진두지휘에 따라 21세기형 뉴딜을 통해 사물인터
넷 1등 국가, 자율주행차 선도 국가, 신재생에너지 시대를 열고, 스마트
도시를 만들며, 자율 규제의 원칙을 통해 신산업 분야는 금지된 것 빼고
는 다 할 수 있는 네거티브 규제를 도입하고, 중소벤처기업부를 신설하
고, 초등학교 때부터 소프트웨어 교육을 시키고, 제조업에 지능을 불어
넣은 스마트 공장을 만들면서 동시에 1인 제조 기업 시대를 연다. 문재
인 후보의 연설문에서 4차 산업혁명은 이미 시작된 것이고, 촛불혁명과
어울려 한국을 성공 국가로 이끌 주춧돌이다. 그렇게 "미래는 예측하는
것이 아니라 상상하는 것"이 된다. 왜냐하면 "미래를 가장 정확하게 예
측하는 방법은 우리가 그 미래를 만드는 것"이기 때문이다. 좋은 말들의
잔치다.

  대통령이었던 박근혜는 2014년 1월 13일 다보스 포럼에서 〈창조경제
와 기업가 정신〉이라는 연설을 한다. 이 연설에서 박근혜는 창조경제를
설명하기 위해 세계 경제가 위기 이후 새로운 질서를 향해 재편하고 있
지만 여전히 저성장과 높은 실업률, 그리고 소득 불균형의 문제로 신음
하고 있다는 문제인식을 보여준다. 이런 문제들은 금융위기 이전부터
계속되어온 문제로, 기존 패러다임의 한계를 드러내는 것인데, 이를 극
복하기 위해선 기존 패러다임을 부분적으로 보완해서는 안 되고 패러
다임 자체의 전환이 필요하다. 그 동력을 한국은 창조경제에서 찾고 있
는 것이다. 세계는 이미 한 사람의 뛰어난 아이디어나 창의력, 신기술에
의해 움직이는 시대가 되었고, 바로 이 창조성을 핵심 가치로 하는 창조
경제야말로 한국의 경제 발전 패러다임을 뒤바꿀 혁신이라는 것이다.
그가 말하는 창조경제는 '국민 개개인의 창의적 아이디어를 바탕으로

과학기술과 IT를 접목하고, 산업과 산업, 산업과 문화의 융합을 촉진해 새로운 시장과 일자리를 만드는 것'이다. 창의성이 혁신의 아이디어를 제공한다면 기업가 정신은 혁신을 실천하는 것인데, "구슬이 서 말이라도 꿰어야 보배"라는 말처럼, 기업가 정신을 통해 창조경제가 구현되는 것이다. 이런 창조경제 구현을 위해 대통령은 창조경제타운이라는 온라인 아이디어 플랫폼을 만들어 4,000여 건의 창의적 아이디어를 제안받았고, 이들에 투자해 성공 사례들을 가시화시켰으며, 대기업과 정부가 '민관합동 창조경제추진단'을 구성해서 모든 규제를 네거티브 시스템으로 전환하고, 융복합과 신산업 창출을 가로막는 규제를 과감히 철폐하려 했다. 구체적으로 친환경 에너지타운, 공공 정보를 민간에 개방하는 정부 3.0 등을 통해 저성장과 실업, 소득 불균형이라는 세 가지 문제를 해결하고, 새로운 성장 동력을 얻어 창조적 가치를 극대화 시켜나갈 수 있었다. 요약하자면, 대통령 박근혜는 '한국의 창조경제가 기업가 정신을 통해 세계와 함께 새로운 미래를 혁신하고 재편하는 실천 전략을 국제 사회에 제공'하기를 희망한 것이다.

'4차 산업혁명'이라는 단어와 '창조경제'를 바꿔 두 연설문을 읽어보라. 나는 그 차이를 찾을 수 없었다. 정치적인 적폐 세력인 박정희의 유산을 긴 겨울 촛불과 함께 한 민중의 힘으로 몰아낸 문재인 정권의 과학기술에 대한 비전이, 사이비 종교의 교주를 국정 농단의 파트너로 삼아 국민을 우롱한 정권의 비전과 아무런 차이를 보이지 않는다는 말이다. 이게 정상인가?

정치적으로 이제 막 박정희의 패러다임에서 독립하기 시작한 한국 사회는 여전히 과학기술 영역에선 그 독재자의 패러다임에 갇혀 있다. 과학은 기술이라는 형태로 실체화될 때에만 지원 가능한 분야라서 과학기술이고, 그 과학기술이라는 분야조차 경제 발전에 기여하지 못한다면 아무런 의미를 갖지 못한다. 과학기술은 경제 발전과 국가 경쟁력의 도구이며, 그 발전의 방향이 4차 산업혁명이건 창조경제건 큰 틀에서 그 도구적 정체성엔 아무런 변화가 없다. 과학기술을 수행하는 주체는 과학기술인이다. 하지만 과학기술의 주체여야 할 과학기술인은 도구적 과학기술을 슬로건으로 내건 정부에선 사람이 아니라 숫자가 된다. 아무리 '사람이 먼저다.'라고 주장하는 정부여도 마찬가지다. 저 담대한 도전의 기조연설 어디에도 정부 주도의 도구적 과학기술 때문에 신음해온 과학기술인들에 대한 진단과 위로가 없고, 그들은 국가 발전을 위해 희생하고 고통을 감수해야만 하는 존재가 된다. 도대체, 뭐가 다른가? 독재자 박정희의 과학기술 패러다임을 가슴에 담고, 겉만 번지르르한 촛불혁명의 옷을 입은 정부는 도대체 어떤 미래를 꿈꾸고 있는 것인가?

기초가 없는 나라

근대 과학은 17세기 서유럽이라는 공간을 무대로 탄생했고, 그 공간을 중심으로 퍼져나갔다. 과학혁명과 산업혁명의 성과들에 힘입어 서구 열강의 제국주의적 침략이 시작되었고, 바로 거기서 동아시아 국가들은 자연과학을 서구 열강이 지닌 강력한 힘의 비밀로 받아들였다. 일본은 메이지유신을 계기로 뼛속까지 서구인이 되자는 다짐을 했고, 번역과 인재 파견을 통해 서구의 자연과학을 재빠르게 흡수했다. 한국은 폐

쇄적이고 유교적인 세계관에 갇힌 조선 말기를 거쳐 바로 일본의 식민지에 편입되면서 적극적으로 기초과학을 흡수할 계기를 마련하지 못했다. 이미 그렇게 늦어버린 식민지 조선의 과학이란 기껏해야 서구 열강과 일본을 극복하기 위한 도구에 불과했다. 식민지 지식인들은 과학이 아니라 제국주의 열강이 지닌 과학의 힘을 얻고자 했고, 그 힘을 얻어야만 독립을 이룰 수 있다고 생각했다. 그런 상황에서 김용관의 발명학회가 계몽의 일환으로 과학 대중화 운동을 벌인 것은 우연이 아니다.●

특히 귀족 자제층을 중심으로 자연과학을 적극적으로 받아들인 일본과 대조적으로,◆ 식민지 조선의 상류층은 자제들을 의사 혹은 법관으로 만드는 데 혈안이 되어 있었다. 이런 상황에서 과학기술자로 성장한 계층은 중인이었다. 그들조차 조선말 식민지 시기에 의사나 변호사가 될 수 없어 과학기술자가 된 것이지, 자연과학에 대한 원대한 꿈을 품고 진출한 사람은 거의 없었다. 식민지는 정치적인 종속의 상태만 만들어낸 것이 아니다. 그 시기, 우리의 현실은 여유롭지 않았다. 구시대의 신분 질서가 무너지고 있었고, 강도 일본이 대한제국을 무단 점거했다. 한가하게 호기심을 따라 자연을 연구할 여유는 누구에게도 주어지지 않았다. 애국계몽이건, 부국강병이건, 무장 투쟁이건, 과학기술에 대한 추구조차 독립과 자강이라는 목표에서 자유로울 수 없었다. 다윈도 훔볼트도 심지어 뉴턴이라도 식민지 조선에 태어났다면 똑같았을 것이다. 식민지 조선에, 자연과학이 도구가 아닌 다른 방식으로 자리 잡을 공간은 없었다.

자연과학이 우리의 것으로 자리 잡을 기회는 있었다. 식민지에서 독립한 후, 초기 이승만 정부에게 그런 과제가 주어졌고, 이어 들어선 박정

● 임종태, 〈김용관의 발명학회와 1930년대 과학운동〉, 《한국과학사학회지》 17(1995), 89–133쪽.

◆ 김근배, 〈식민지시기 과학기술자의 성장과 제약: 인도, 중국, 일본과 비교해서〉, 《한국근현대사연구》 8(1998). "예를 들어 당시 일본 과학기술인의 대부분이 사무라이 출신이었다."

희 정부에게도 기회는 있었다. 그다지 많은 수의 훈련받은 과학기술 인력이 존재하지는 않았지만, 화학자 이태규, 화학공학자 리승기, 그리고 육종학자 우장춘, 박물학자 석주명 등의 고급 인력이 해방정국의 한국에서 꿈을 펼칠 기회를 바라고 있었다. 이태규와 리승기는 일제강점기에 일본의 제국대학에서 교수가 된 유일한 조선인이었다. 이 둘과 우장춘이 교토에서 만나 찍은 사진이 전한다. 하지만 이들의 과학자로서의 정체성과 조선인으로서의 정체성이 일치하지는 않았다. 우장춘은 한국말을 못했고, 이태규는 청장년기 대부분을 일본에서 보낸, 일본화된 조선인이었다. 그는 서울대학교 초대 문리대학 학장이 되었지만, 여러 사태를 겪은 후 미국 유타 대학교로 떠났다. 리승기는 해방 후 서울대학교 공과대학 초대 학장이 되지만, 서울대학교 개교 과정의 소용돌이를 온몸으로 겪으며 한국전쟁 당시 월북한다. 해방정국의 한국은 과학자가 자신의 꿈을 펼칠 정도로 안정적인 공간이 아니었다. 이념과 체제의 소용돌이 속에, 이 세 과학자의 운명은 제각각 갈라졌다.▲

이들 중 이태규를 주목할 필요가 있다. 왜냐하면 그의 전공이 이론화학이라는 기초과학이기도 하지만, 해방정국에서 이태규는 단지 과학자에 머물지 않고 과학 행정가이자 과학 교육가로서 해방된 한국의 과학을 위해 끊임없이 노력했기 때문이다.■ 이태규는 1902년 충남 예산에서 태어나 일본 교토 제국대학에서 이론화학으로 박사학위를 받고 1938년엔 미국 프린스턴 대학교에서 초청 과학자로 재직한, 해방정국에서는 찾기 힘든 과학계의 석학이었다. 그는 1943년 교토제국대학교에서 정교수가 되었으나, 해방 후 대한민국으로 귀국해 경성제국대학교 이공학부장을 맡게 된다. 이후 '국대안파동'이라 불리는 서울대학교 설립을 둘러싼

▲ 김태호, 〈구석구석 과학사 (8) 석학 이태규, 우장춘, 리승기 '세 갈래의 인생'〉, 《주간경향》(2017년 6월 5일).

■ 이태규와 송상용의 대담이 남아 있다. 관심 있는 분들의 일독을 권한다. 이태규, 송상용, 〈회고와 전망: 교수와의 대담: 공업화와 순수과학〉, 《한국과학사학회지》 36(2014), 129-149쪽.

갈등으로 1948년 한국을 떠나 미국으로 가기 전까지, 그는 최선을 다해 한국 과학의 기틀을 만들려고 노력했다.

먼저 이태규는 '과학교육진흥책'을 제안했다. 식민지 시기 법문학계, 즉 현재의 인문계와 과학기술계의 교육 비율이 3대 1이라는 문제의식에서 시작해 이를 역전시킬 필요성을 역설하는 구체적인 실행안이었다. 그는 장기 계획을 세우고, 점진적으로 과학기술계의 숫자를 늘려야만 해방정국의 한국에서 과학기술 인력의 부족을 메우고, 과학 교육 강화를 통해 새로운 한국이 가능하리라 생각했다. 하지만 과학기술계 고등교육기관이 절대적으로 부족한 상황에서 과학기술을 가르칠 이들을 교육할 고등교육기관의 설립이 당면한 과제였다. 1946년 이태규의 과학교육진흥책이 조선교육심의회에서 통과되자마자, 그는 과학기술부 설치안을 발의한다. 이 안은 기존 과학기술 기관들을 독자적 운영 방식으로 전환하고, 전국의 과학기술 연구 기관을 국가의 통제에 두어 관리한다는 구상이었다. 이 두 정책은 25년이 소요되는 장기 계획으로, 이태규의 관점에서는 이 두 정책이 완성될 즈음엔 한국도 비로소 식민지 상태의 뒤처진 과학기술 수준에서 벗어나 주변국과 어깨를 나란히 할 과학기술 국가로 발돋움할 수 있을 것이었다.

하지만 해방정국에서 권력은 미군정에 있었다. 한국을 제대로 알지도 못하던 미군정은 졸속하게 발표한 행정 체계 개편을 통해 이태규 등의 과학기술계 제안을 모조리 폐기한다. 특히 당시 문교부장이었던 유억겸은 사립학교를 새로 증설하는 것을 골자로 교육 정책을 추진했고, 이 사립학교들은 자본이 별로 들지 않는 인문계 교육기관에 한정되었다. 문과 분야의 학교 설립을 선호했던 유억겸의 정책과 이태규의 과학교육진

홍책은 충돌했고, 결국 문교부 고문 언더우드의 설득에 힘입어 겨우겨우 문교부 산하에 과학교육국이 설치되는 것으로 마무리된다.● 이명박 정부가 들어서고 가장 먼저 한 일은 과학기술부를 해체하고 이를 교육과학부로 재편한 것이었다. 이태규가 총장으로 25년을 두고 계획했으나 미군정에 의해 좌절된, 하지만 겨우겨우 과학기술부의 독립을 이루어낸 지 얼마 되지도 않은 시점에, 이명박 정부는 한국 과학기술계의 시계를 해방정국으로 되돌려버린 셈이다.

　한국전쟁 이후 이승만 정부는 전후 재건 사업에 몰두했고, 국제 원조에 의존한 정책을 펼쳐야 했다. 이 당시 과학기술이 발전할 수 있는 기초가 형성된 것은 분명하다. 하지만 이승만 정부는 대외 원조라는 분명한 한계를 지니고 있었고, 체계적인 과학기술 정책을 수립할 여유가 없었다. 산발적으로 진행된 과학기술 진흥책의 한계는 분명했다.◆ 특히 전후 재건과 경제 발전이라는 화두에 골몰했던 이승만 정부의 과학기술 정책은 국방, 농업, 원자력에 집중되어 기초과학이 스며들 여지가 전혀 없었다. 만약 이 시대에 기초과학을 전공한 이들이 있다면 그들은 한국이 아닌 외국에 있을 터였다.▲

　이후 벌어진 한국 과학기술 정책은 공업화 전략과 산업화로 이어지고,■ 박정희라는 대통령의 리더십을 통해 국가 주도의 틀을 갖추게 된다.★ 하지만 고등교육기관이라는 물질적 토대와 유학파 과학기술자들

● 홍성주, 〈독립국가의 과학기술 건설 노력(해방~미군정기)〉, 《과학기술정책》 186(2012), 119-127쪽.

◆ 홍성주, 〈전쟁과 전후 복구, 과학기술의 재건(1950년대)〉, 《과학기술정책》 187(2012), 148-156쪽.

▲ 김태호, 〈'과학협주곡' 국박의 짧은 역사, 어떻게 직시할 것인가?〉, 브릭 BIO통신원(2017년 4월 18일)

■ 홍성주, 〈공업화 전략과 과학기술의 결합〉, 《과학기술정책》 188(2012), 156-165쪽.

★ 홍성주, 〈대통령의 리더십과 과학기술의 진흥〉, 《과학기술정책》 189(2012), 194-206쪽.

의 대거 귀국으로 이어지는 양적 팽창에도 불구하고, 한국 과학기술계는 이후 정치적 민주화를 겪었음에도 불구하고 전혀 변하지 않을 정도로 공고한 '박정희 패러다임'이라는 망령에 갇히게 된다. 김근배 교수의 말처럼, 박정희 시대를 거치며 한국 과학은 철저하게 경제적으로 번역되었고,● 과학기술자들은 정치적 도구로 전락했다. 과학기술을 경제 발전의 도구로만 생각하고, 그렇지 않으면 지원하지 않는 태도도 이 당시 생겨나게 되고, 과학기술자들이 과총이라는 어용단체를 만들어 정치권의 눈치를 보는 새로운 중인계층을 자처하게 된 것도 이 시기로 볼 수 있다.◆

죽기 전 이태규는 과학사학자 송상용과 짧은 인터뷰를 남겼다. 여기서 그는 응용과학과 기초 연구에 대한 자신의 생각을 피력한다. 일본과 미국 모두를 경험한 그는 존슨 행정부 당시 냉전의 그늘 아래서 미국 기초과학의 보루인 국립과학재단National Science Foundation까지 기초 연구가 아닌 응용 연구에 몰두하는 현상을 목도하고, "나는 개인 생각으로 미국의 제도가 일본에 비해 이 점에서 떨어진다고 생각해요. 그것은 미국의 제도가 프로젝트 시스템project system이라는 데서 찾을 수 있습니다. 프로젝트는 앞을 계산하고 챙기는 것이고 그 때문에 응용과 관계가 됩니다. 순수한 이론은 못하게 되거든요. 일본은 교수만 되면 정부가 교수 강좌료라고 해서 연구비를 주고 조교수와 강사를 하나씩 쓰도록 되어 있습니다. 그러니까 '네게 맡긴다'는 식이 돼서 순수한 연구만을 하게" 된다고 평가한다. 실용주의 철학을 국가의 기틀로 하는 미국에서 시작된 프로젝트 중심의 연구비 수주 시스템은 결국 응용에 대한 연결로 이어

● 김근배, 〈과학기술입국의 해부도〉, 《역사비평》 85(2008).

◆ 박정희 패러다임에 대한 자세한 기술은 필자의 다른 글들을 참고하라. 김우재, 〈노벨상과 경제발전, 그리고 박정희의 유산〉, 새로운사회를여는연구원(2010년 4월 26일).; 김우재, 〈영원한 중인계급〉, 새로운사회를여는연구원(2010년 8월 13일).; 김우재, 〈연어가 강물을 거슬러 오르지 않을 때〉, 새로운사회를여는연구원(2010년 7월 9일).

질 수밖에 없다는 분석이다.

이 인터뷰가 진행되던 때는 1975년으로, 이 시기 이미 이태규와 송상
용은 기초 연구의 붐이 다시 일어나기 힘들 것이라는 진단에 동의한다.
그리고 이렇게 말한다. "다시 강조하는 얘기입니다만 이 나라는 후진국
이어서 자꾸 응용과학에만 치중하는데, 그 점이 나쁘다는 것은 아닙니
다. 살아야 되니 별 수 없지요. 그러나 과학을 하는 젊은 사람들이 너무
그런 연구에만 열중하고 순수과학의 연구는 돌아보지 않아요. 우선 응
용과학을 해야 취직이 되니까 그럴지 몰라요. 정말 공부하려는 사람들
이 적은 것에는 솔직히 환멸을 느낍니다." 그는 해방정국에서 한국 과학
기술 정책의 기틀을 어떻게든 펼쳐보려 했던 행정가이기도 했다. 그의
대안은 뭘까?

> "(현대 과학이 기술에 질질 끌려가기 때문에 기초과학이 인정을 못 받는 게 아
> 니냐는 송상용의 질문에) 나는 반대입니다. 기초과학이 튼튼해야 오리
> 지널한 산업을 일으킬 수 있습니다. 아인슈타인이나 페르미 같은 학
> 자들이 기초 이론을 발전시킴으로써 전체 과학이 발전할 수 있었다
> 고 생각합니다. 물론 우리는 사는 데 급급해요. 실업자를 흡수해야 하
> 고, 북한의 침략을 저지해야지요. 그래서 차관을 얻어오고 기술을 도
> 입합니다. 속말로 호랑이에 물려가도 정신만 차리면 살 수 있다는 말
> 이 있는데 꼭 맞는 말입니다. 그러니까 우선 살아야 한다는 생각은 옳
> 은 겁니다. 다만 순수과학을 잊지 않으면 된다는 것입니다. 대학에 많
> 은 연구비를 주는 것도 한 방법이고 이런 곳에는 이런 학자가 있으니
> 까 치중해서 육성하면 무엇이 나올 것 같다는 식으로 순수 이론을 발

전시킬 수도 있습니다. 또 기업이 자기네들대로 연구소를 만드는 것도 대단히 좋은 일입니다. 정부보다는 기업에서 하는 것이 더 쉬울지 모릅니다. 자기들의 기업과 직접 관계가 있을 뿐 아니라 사장이 하고 싶으면 할 수 있는 것입니다. 가령 자동차 기어가 망가지면 그것을 고치기 위해 연구를 하되 금속학이나 고체물리학에 관한 전문가를 두는 연구실을 만들 수도 있지요. 정부가 예산이 있어도 열 개가 넘는 국립대학에 나누어주면 모래 바닥에 물 붓 듯이 자취도 없게 됩니다. 이 점도 문제인데 역시 돈이 많지 않다는 것이지요. 제너럴일렉트릭이나 포드 회사처럼 연구소를 만들어서 그곳에서 노벨상을 받는 곳도 있습니다. 우리나라 기업도 그런 것을 생각해야지요."◆

이태규는 과학 이외의 사회 현상, 인문학, 철학, 종교 등에도 박식했고, 균형된 사고방식을 지닌 과학자였다. 그리고 그는 한국 기초과학의 틀을 만드는 데 기여할 수 없었다.◆ 결과적으로 식민지 시대에는 그 상태를 벗어나기 위한 노력에 묻혀 기초과학이 자리 잡을 수 없었고, 해방정국에서는 미군정과 무지한 대통령의 리더십 때문에 기초과학에 대한 장기적 고민과 구체적 청사진이 제시되었음에도 꿈이 좌절되었고, 개발독재 시대와 이후 군부 독재 시절을 통해 기초과학은 경제 발전을 위한 도구로 자리매김해야 했다. 민주 정부가 들어서고 나서도 큰 틀은 변하지 않았다. 여전히 기초과학은 대부분의 정치인과 관료들에게 과학자들의 거친 투정이거나 일종의 장식물로 사용되는 아젠다에 불과하다. 실제로 정책이 집행되고 돈이 움직일 때, 기초과학은 언제나 가장 먼저 배제

● 지면이 기초과학에 대한 문제만을 다루기 때문에 길게 인용하지 않겠지만, 이태규가 과학자로 가진 생각들은 지금 다시 읽어도 새롭다. 한국에 이태규 박사 같은 학자가 과학기술 정책의 틀을 만들지 못한 건 두고두고 아쉬운 일이다.

◆ 이태규, 〈과학과 평화를 위한 대담: 과학-복지와 파멸의 두 얼굴〉, 《통일한국》 7(1984), 44-55쪽.

되는 분야다.

기초과학을 분리하라

이명박 정부가 들어서고 가장 먼저 한 일은 과학기술부를 폐지하고 이를 교육과학부의 산하기관으로 격하시킨 것이다. 이태규가 기획했던 구상을 퇴행시킨 이런 보수 정권의 작태는 이후 박근혜 정부가 들어서면서 더욱 가시화된다. 박근혜 정부는 창조경제라는 정체불명의 국가 기조를 주창하고, 그 아버지가 그랬듯 과학기술을 다시금 이 경제 정책의 장식품으로 이용했다. 심지어 교육과학분과 인수위원장에 창조과학자 장순흥을 임명하며 강행한 그 부서의 명칭은 미래창조과학부라는 괴이한 이름이 되었고, 정보통신기술을 기반으로 한 산업 정책에 이제 교육과 과학이 봉사하는 기형적인 구조가 만들어졌다. 이렇게 신음하던 미래창조과학부는 과학기술부를 다시 독립시켜달라는 과학기술인들의 염원과는 반대로 문재인 정부에서 존치되었고, 이름만 바꾼 과학기술정보통신부가 탄생했다. 이렇게 탄생한 미래창조과학부의 후신인 과학기술정보통신부의 초대 장관은 대기업 임원 출신인 유영민에게 돌아갔다. 박정희 패러다임은 굳건하다. 과학은 처음에는 교육부의 부속품이었다가, 산업부의 부속품으로, 이제 정보통신의 부속품으로 퇴화하고 있다. 그게 한국 과학이 처해 있는 현실이다.

4차 산업혁명이 문재인 정부의 집권 기간 동안 일어나야만 하는 단기간의 성과라면, 과학은 거기에 기여할 여지가 전혀 없다. 기초과학의 성과가 산업에 응용되는 시간은 짧게는 10년에서 수십 년이며, 그것도 단선적으로 일어나는 형태가 아니다. 만약 문재인 정부가 단기간에 정보통신 분야에 모든 역량을 쏟아부어 미국 실리콘밸리 등에서 벌어지는 혁신에 대응하고 싶다면, 국가의 모든 역량을 대기업 중심의 지원에 쏟아야 한다. 그 방법 외엔 단기간에 그들을 따라잡을 방법이 없다. 하지만 만약 혹시라도 이 정부의 과학기술 관련 싱크탱크에 어떤 긴 안목의 정책이 있어서, 지금부터라도 숨을 고르고 향후 50년 한국 과학기술의 기초를 다지는 그 시작점을 만들고자 한다면, 지금 당장 해야 하는 일은 과학기술정보통신부를 둘로 분리하는 것이다. 우선 응용과학과 공학, 그리고 정보통신을 총괄하는 부서를 '기술산업부'라는 이름으로 재편하고, 이들이 기업과 대학 연구 그리고 정부 출연 기관의 응용 연구들을 조율해 새로운 성장동력을 마련하는 플랫폼을 제공하게 하는 것이다. 현재 국가 연구개발의 70~80퍼센트를 이 분야에 투자하되, 대기업처럼 스스로 연구를 추동할 수 있는 여력이 있는 분야에 정부가 투자하는 일이 없도록 주의하면 된다. 정부는 위험이 크고, 공공의 이익에 봉사하는 기술에 투자하고, 이를 통해 기업과 시민을 연결하는 중추가 되어야 한다.

국가 연구개발의 대부분이 기업에 중복 투자되는 것이 문제다. 기업은 기업 스스로 연구개발비를 지출해야 한다. 특히 응용 학문을 넘어 기초과학에도 투자를 아끼지 않는 선진국의 대기업들에 비하면, 한국 기업의 연구에 대한 투자는 문제가 심각하다. 이는 국가가 대기업의 눈치를 보며 이들이 스스로 자립할 수 있도록 채찍질하지 않았기 때문이다. 자본주의 사회에서 기업은 치열한 경쟁을 위해 투자를 집행해야 하는데, 이 투자 중 유독 연구개발비를 국가가 보존해주는 방식으로 한국 연

구개발비가 운영되어온 것이다. 그렇게 기업에 주던 연구개발비를 환수
해야 한다.●

이렇게 분리해낸 기술산업부에 정부 연구개발비의 많은 부분을 몰아
주고, 대기업에 몰아주던 기형적인 연구비를 환수하면, 기초과학에 투
자할 재원을 마련할 수 있다. 바로 그 재원으로 '국가과학연구회'를 신설
해 이 부처가 기초 분야를 담당하는 정부 출연 연구소와 기초 연구비 집
행의 중추가 될 수 있게 만들어야 한다. 정부 출연 연구소 중 선택과 집
중을 통한 국가 전략적 과제를 연구하는 곳들은 기술산업부의 관리를
받게 만들면 된다. 이를 위한 구체적인 방안을 논의하기에 앞서, 선진국
들의 기초 연구가 국가에 의해 어떻게 지원되는지 일별할 필요가 있다.
특히 선진국의 문턱에 들어서고 싶다면, 그들의 기초과학 정책을 연구
하고 이를 토대로 한국적 정책을 짜야 하기 때문이다.

선진국의 기초과학 정책은 나라마다 차이가 있지만, 큰 틀에서 기초
과학에 대한 지원이 필요하다는 공감대와 철학엔 차이가 없다. 우리가
가장 크게 영향을 받은 미국의 경우, 가장 중요한 기초 연구 주무부처
가 보건복지부Health and Human Services(HHS)다. 보건복지부 산하의 국립보
건원(NIH)이 생명과학을 중심으로 기초 연구를 지탱하고 있는 구조로,
NIH의 한 해 예산은 한국 정부 예산에 필적한다. 독일은 연방교육연구
부Bundesministerium für Bildung und Forschung(BMBF)라는 주무부처가 기초과학
지원을 담당하고, 프랑스는 연구부ministère de la Recherche가, 영국은 통상
산업부Department of Trade and Industry(DTI) 산하의 과학기술청Office for Science and
Technology(OST)이 담당하고 있다. 이런 주무부처의 차이는 각 국가가 겪어
온 역사를 대변하므로, 한국도 한국 고유의 주무부처를 설립하고 이를

● 호원경, 〈국가 R&D의 내용 분석을 통해서 본 기초연구 위기의 실태
　와 개선 방향〉, 브릭(2016년 8월 5일).

안정적으로 운영할 필요가 있다.

정부가 운영하는 연구소는 산업계의 지원이 부족한 순수한 기초 분야의 연구소 외에 선택과 집중을 위해 운영하는 연구소로 운영될 수 있다. 한국의 정부 출연 기관은 이미 국가 연구 개발비에서 덩치가 꽤 큰 조직으로, 이 정부 출연 조직을 잘 정비함으로써만 기초과학이 자리 잡는 계기를 마련할 수 있다. 선진국도 각 국가별로 기초과학 분야의 연구소들을 운영하고 있는데, 이미 일별한 NIH를 비롯해 미국은 항공우주국National Aeronautics and Space Administration(NASA), 국립표준기술연구소 National Institute of Standards and Technology(NIST) 등의 국립 연구소들이 부처의 기능에 맞는 기초 연구를 수행하고 있다. 독일은 유명한 막스플랑크연구회Max-Planck-Gesellschaft(MPG)가 대학은 수행하지 못하는 최첨단 기초 연구를 수행하며,● 헬름홀츠대형연구센터Helmholtz-Gemeinschaft Deutscher Forschungszentren(HGF)를 기반으로 국가 전략 연구에 해당하는 대형 기초 연구를 수행한다. 프랑스는 국립과학연구소Centre national de la recherche scientifique(CNRS)를 중심으로 기초과학의 모든 분야를 지원하고, 영국은 일곱 개의 연구회Researcg Centers(RCs) 중 생명공학, 의학, 입자물리천문연구회가 기초 연구를 담당하고 있다.◆

한국의 정책 연구소들도 기초과학의 중요성은 잘 알고 있고, 이를 모티브로 여러 정책 연구 보고서를 내놓고 있다. 예를 들어 〈주요국의 기초과학정책〉이라는 보고서는 미국, 독일, 프랑스, 영국 등의 기초과학 정책을 일별하고 대안을 제시하고 있다. 하지만 기초과학에 대한 제대로 된 철학과 현장 과학자들에 대한 경험 없이 만들어진 이런 보고서는 대안을 제시하는 부분에서 언제나 다시 박정희 패러다임으로 되돌아

● 여전히 논란이 되고 있는 기초과학연구원이 바로 이 막스플랑크 연구소를 본 떴다는 이야기가 있는데, 연구비 양극화를 초래하는 무리한 강행으로 그 의도가 퇴색 중이다.

◆ 세종대학교 기술혁신연구소, 〈주요국의 기초과학정책〉(한국과학재단, 2002).

간다. 예를 들어 위 보고서는 기초과학 분야의 투자를 높이고, 공공 기초과학 연구소를 증설하며, 신진 과학자를 지원하고, 창의적인 개인 및 소규모 연구팀에 대한 지원을 늘리라는 등의 원론적인 이야기들을 하고 나서, 마지막으로 이렇게 말한다. "기초과학과 기술 혁신 및 산업화의 연계가 필요하다. 앞에서 설명한 정책 방향들은 기초과학을 바탕으로 파괴적인 기술 혁신의 창출을 가져와 국가 경쟁력 향상에 기여하는 것을 전제로 하고 있다. 이상의 모든 정책 방향을 추진하는 데 있어서 항상 기초과학과 기술 혁신 간의 연계의 측면을 반드시 전제로 하고 추진하여야 할 것이다." 여기서 끝나는 것이 아니라, 이 보고서는 제언의 마지막을 이런 문장으로 마무리하고 있다. "마지막으로, '기초과학의 산업화 산업'을 추진할 필요가 있을 것이다. 최근 과학기술이 급변하면서 기초과학이 신속하게 산업화되는 사례가 빈번하게 나타나고 있다. 이에 따라, 기초과학의 신속한 산업화를 위한 새로운 사업을 추진할 필요가 있다. 이 사업은 전술한 전략적 기초과학 분야 육성 사업과 연계하여 추진하고, 필요하다면 (가칭) '전략적 기초과학 육성사업'이라는 대형 프로그램의 틀 속에서 세부 분야로 연계하여 추진할 수 있을 것이다. 이 사업을 바탕으로 기초과학 분야의 학자들이 사업화 및 창업을 통하여 국가경제에 이바지 할 수 있는 토대를 마련해줄 수 있을 것이다."

이제 좀 명확해졌기를 바란다. 박정희가 과학기술계와 정치인, 관료 그리고 일반인의 뇌리에 깊숙이 심어놓은 경제 발전의 변역으로서의 과학이라는 패러다임은, 좀처럼 사라지지 않는다. 심지어 그것이 기초과학 육성을 위한 연구 보고서임에도 그렇다. 이런 상황에서 국가는 과감한 실험을 단행할 필요가 있다. 한국의 기초과학이 한 번도 걸어보지 않은 길을 열어주고 중장기 계획을 세우고 이를 평가함으로써, 새로운 실험을 해보는 것이다. 내가 제안하는 방식은 기초 연구만을 담당하는 부처를 신설하고, 기초 연구에 집중한 정부 출연 연구소를 그 산하에 넣고, 연구 재단 내에서 기초과학을 담당하는 부서를 독립시켜, 약 10년의 실험을 해보는 방식이다. 이 부처의 기조는 기초와 다양성, 그리고 모험적인 연구로 잡고, 국가의 전략적 선택과 집중에서 자유롭게 연구자 주도의 소규모 창의적인 연구를 1년에 1,000~2,000개씩 지원하는 것이다. 그렇게 10년, 한국 역사 최초의 실험을 해보고도 기초과학이 아무런 성과를 내지 못한다면, 다시 박정희 패러다임으로 돌아가도 좋다. 중요한 건, 힘들게 성장해온 한국의 기초과학자들에게 기회를 주는 것이며, 그들 중에 혹시라도 숨어 있을 아이작 뉴턴, 찰스 다윈, 아인슈타인을 발굴해내는 일이다. 우리는 단 한 번도 그런 투자를 하지 않았다.

이런 생각이 부질없고 비현실적이라고 느껴진다면 한국 영화계가 정부의 지원을 받아 꾸준히 실시하고 있는 스크린쿼터제의 성과를 주목하기 바란다. 영화관이 한국 영화를 1년에 5분의 1 이상 의무적으로 상영해야 한다는 이 조항이 실행된 지 몇 십 년 만에, 한국 영화는 세계에 우뚝 서 있다. 그렇게 등장한 한국의 영화감독과 배우, 그리고 스태프들이 어떻게 가능했을지 생각해볼 필요가 있다. 정부가 할 일은 그런 장기간에 걸친 실험들이다. 민간은 그런 일을 할 수 없다.●

● 물론 선진국이 정부에만 기대 기초과학을 연구하는 건 아니다. 선진국의 제3섹터엔 기업이 출연한 민간 재단들이 있고, 이들은 질병에 대한 기초 연구에서 시작해서 기초 연구까지 다양한 분야의 투자를 한다. 한국에 부족한 이런 민간 재단의 역할에 대한 이야기는 다른 지면을 통해 발표할 예정이다. 다음 논문들이 도움이 된다. 이상민·이상수, 〈국내 민간 공익재단 기초연구〉(아름다운재단, 2012). 이후 각 재단의 기초과학에 대한 지원을 기술하는 데는 다음 보고서가 큰 도움이 될 것이다. 이은정, 〈기초과학 발전에 있어 사회 공익재단의 기여〉(한국과학기술단체총연합회, 2012).

기초라는 혁명

기초과학이 지연되고 있는 건 전 세계적인 일이다. 특히 글로벌 금융위기를 겪으면서 대학과 정부가 이공계 학위 공장 체제*를 완성하며 초래한 인력 수급의 불균형과 맞물려, 기초과학은 정부의 지원이 조금만 끊겨도 재앙을 맞는 구조가 되어 있는 상황이다. 미국도 예외는 아니다. 이런 긴축 재정 시대에 기초과학의 위기가 가속화되자, 2015년 미국과학진흥협회American Association for the Advancement of Science(AAAS)는 연례포럼과 메사추세츠 공과대학(MIT)의 〈지연된 미래The Future Postponed〉라는 보고서를 통해 기초과학 투자에 대한 감소로 미국의 국가 경쟁력이 위기에 처해 있다는 지속적인 경고를 보내기 시작했다. 이 보고서의 결론은 기초과학이 결국 미국의 혁신 경쟁력을 선도할 것이므로, 기초과학에 대한 투자 감소는 부적절하다는 것이다. 이 보고서의 내용을 한국의 상황에 그대로 대입하는 건 무리다. 한국은 미국처럼 대규모 과학 투자가 불가능한 국가일 뿐 아니라, 이미 출발선이 다른 미국의 정책을 좇다간 이도 저도 아닌 상황이 될 수밖에 없기 때문이다. 다만, 이런 보고서를 면밀히 살펴보는 것은 우리가 무엇을 해야 하는지에 대한 작은 단서들을 제공할 수 있다.

예를 들어, 미국 기초과학자들이 위기를 느끼기 시작한 이유는 미국이 금융위기 이후 긴축 재정을 펼치기 시작하면서부터다. 미국은 학위 공장을 통해 기형적인 과학계 인력 구조를 만들어낸 장본인이자 이를 해결하기 위해서도 노력하는 이들이 모여 있는 곳이다. 세계대전 이후 막대한 투자와 유럽에서 훔쳐온 과학자들을 데리고 시작한 미국의 과

◆ Kitazawa, Koichi, and Yongdi Zhou. "The PhD Factory." *Nature* 472(2011), pp. 276-279.

학기술 정책은 사립대학의 욕망과 맞물려 연구비를 중심으로 한 거대한 연쇄 고리를 만들어냈고, 미국의 건강보험 정책이나 빈민 정책이 그렇듯, 과학계 인력의 심각한 양극화를 초래했다. 〈지연된 미래〉의 저자들은 스스로 만들어낸 이런 구조적인 문제를 지적하지 않고 정부에 다시 손을 벌려 지원을 바라는 방식으로 문제를 해결하려 한다. 여기서 우리가 배워야 하는 건, 우선 기초과학 연구에 대한 국가의 지원이, 국가의 경제 위기에 특히 민감하다는 현실이다. 이를 극복하려면 기초과학자들은 국가와 사회를 모두 설득할 수 있는 논리를 개발하고 이를 현실에서 보여주어야 한다. 그동안 초중고 학생을 대상으로 투자해온 과학 대중화 사업이 몰두해야 할 목표가 바로 여기에 있다.

　정부를 설득하기 위해 〈지연된 미래〉의 저자들이 꺼내든 무기는 기초과학이 지닌 불확실한 성격과 보험적 성격이다. 예를 들어 게임이론이나 MRI처럼 당시에는 예산 낭비라 판명받은 여러 기초 연구들이 결국 천문학적인 이윤을 내는 실질적 가치를 증명했다는 논리다. 버니바 부시의 〈과학, 끝없는 개척〉에서● 주장된 선형이론보다는 진보했다는 평가를 받을 수 있겠지만, 이런 논리만으로 정부와 일반을 설득하기는 불가능하다. 왜냐하면 실질적 가치를 현실에서 보여주어야만 관료와 대중을 설득할 수 있기 때문이다. 그래서 〈지연된 미래〉의 저자들은 다양한 사례들로 정부를 유혹한다. 그 유혹의 가장 큰 목표는 '미국의 혁신 경쟁력'이다. 미국이 중국이나 유럽에 뒤지고 있다는 점을 강조함으로써 기초과학에 대한 정부의 투자를 묶어두려는 전략이다. 예를 들어 이 보고서는 보고서가 작성되던 2015년은 유럽연합이 사상 최초로 혜성에 탐사선을 착륙시킨 해이자, 중국이 세계에서 가장 빠른 슈퍼컴퓨터를

● Vannevar Bush, *Science, the Endless Frontier*, A Report to the President(1945).

개발한 해라는 점을 강조한다. 기초과학 투자의 이유를 국가 경쟁력, 특히 유럽과 중국과의 경쟁에서 찾는다는 점에서 이 보고서는 지극히 미국적이다. 그리고 〈지연된 미래〉는 15개의 분야를 선정해 정부의 연구개발비 축소로 이들 혁신 분야가 타격을 입었다고 주장한다. 그 혁신 분야들은 알츠하이머, 사이버 보안, 우주 탐사, 식물 과학, 양자 정보 기술, 더 나은 정책 결정, 촉매, 핵융합 에너지, 감염 질병, 국방 기술, 광학 기술, 합성생물학, 재료 발견 및 처리, 로봇공학, 배터리 등이다.

이런 미국적 기초과학 구하기와 한국의 기초과학 정책은 어떻게 달라야 하고, 또 같아야 할까? 정답은 없다. 문재인 정부에서 최근 과학기술 자문회의 부의장에 임명된 포스텍 염한웅 교수는 《한국경제》에 기고한 〈기초과학 지식은 더 이상 공짜가 아니다〉라는 사설에서 크리스퍼CRISPR라는 유전자가위 기술을 둘러싼 특허 분쟁에 주목하며 이렇게 말한다.◆ "지금은 CRISPR로 알려진 DNA의 특이한 조각을 우연히 발견하게 된 것은 1987년의 일본, 1993년의 네덜란드와 스페인 박테리아 연구자들의 기초 연구로 거슬러 올라간다. 당시 이런 연구는 1960년대 이후 분자미생물학에 대한 많은 투자와 발전을 기반으로 한다. 이 DNA 조각의 역할을 이해하게 된 데에는 다시 많은 시간이 흘러 2007년께야 자신을 공격하는 바이러스를 막으려는 박테리아의 면역 체계와 관련이 있다는 것이 알려졌다. 다시 수년간의 기초 연구가 쌓인 뒤 2012년 스웨덴 우메아 대학교와 미국 캘리포니아 대학교의 공동 연구진이 CRISPR을 이용해 DNA의 원하는 곳을 절단할 수 있다고 발표했다. 이때까지 CRISPR의 과학적, 경제적 파급효과는 거의 알려지지 않았고 논문도 120여건에 불과했다. 그야말로 실험실의 기초과학이었

◆ 염한웅, 〈기초과학 지식은 더 이상 공짜가 아니다〉, 《한국경제》(2017년 3월 13일).

다." 이런 시사점을 바탕으로 염한웅은 시장에 이미 나온 특허 기술은 언제나 기초 연구에 그 긴 뿌리를 대고 있다는 주장을 한다. 또한 실험실의 기초 성과와 돈이 되는 기술의 간격이 점점 짧아지고 있다는 말도 빼놓지 않는다. 문제는 이런 기초과학 지식이 더는 공짜가 아니라는 것이다. 유전자가위 기술을 둘러싼 특허 분쟁이 좋은 예다. 그리고 그는 이렇게 글을 마무리한다.

"혁신적인 신기술에 기반해 경제의 새로운 동력을 만들어내려면 창의적인 기초과학이 필수적인 이유다. 물론 기초과학을 통한 혁신에는 긴 시간과 꾸준한 투자가 필요하며, 그것이 경제적으로 가치 있는 것이 될 확률도 낮다. 기초과학의 새로운 발견이 어디서 나올지도 알 수 없다. 하지만 2012년의 놀라운 발견이 있은 뒤 미국 최고의 대학과 연구소들의 생명공학자가 이 기술의 잠재력을 이해하고 이를 실용 가능한 기술로 만들어내는 데는 수개월밖에 걸리지 않았다. 미국 연구 중심 대학의 역량은 여기에 있는 것이다. 우리가 다양한 분야에서 높은 수준의 기초과학자를 확보하고 있어야 하는 이유도 여기에 있다. 이들 중 누군가는 혁신 기술로 이어질 발견을 할 것이며 이를 이른 시일 안에 사업화하려 해도 이들이 필요하다. 이들의 과학적 상상력 속에 미래가 싹트고 있는 것이다."

4차 산업혁명이라는 단어를 한 번도 쓰지 않고도, 이렇게 혁명을 말할 수 있다. 황우석의 잔당과 창조과학자를 공직에 앉히려는 실수도 했지만, 염한웅 교수처럼 기초과학에 대한 뚜렷한 철학을 가진 과학자를 중용했다는 건 그나마 문재인 정부의 복이다. 기초과학 연구를 기술산업 분야에서 완전히 독립해 투자하자는 주장이 받아들여질지 아닐지 알 수 없지만, 그 여정에 도움이 될 원칙들 정도를 제시할 수 있을 듯하다. 이 원칙들은 매사추세츠 연구소가 2015년 발표한 보고서 〈기초 연구와 혁신의 개척지〉에 기초한다.●

0. 가장 중요한 기초과학 투자의 철학은 '다양성diversity'이어야 한다. 연구자의 구성부터(인종, 성별, 연령 모든 분야에서 다양성이 유지되어야 한다. 한국은 중년 남성 위주의 연구 공동체를 지니고 있다.), 연구비 집행 분야의 다양성, 연구자들 전공의 다양성을 통한 학제간 연구 등이 보장되어야만 기초과학은 빠르게 성장할 수 있다.

1. 분권화: 국가가 모든 연구비 집행 프로젝트를 관리하려 하면 안 된다. 정부가 연구비 집행과 관리를 하는 기관은 정부 출연 기관 정도로 묶고, 나머지 대학 및 독립 연구소들에 투자하고 그 대학과 연구소가 독립적으로 연구비를 집행할 수 있도록 해야 한다. 그렇게 될 때 과감한 모험 연구가 증진될 여지가 생긴다.

2. 민간 재단에 대한 인센티브 부여: 위에서 간단히 다루었지만, 정부의 주도만으로 모든 다양한 기초과학 분야에 연구비를 집행할 수는 없다. 민간 기업 및 대학이 자체 연구소를 통해 재단을 설립하고 독특한 기초 연구에 투자할 수 있는 세금 혜택, 조세 감면 확대가 필요하다. 제3섹터의 기초과학 연구야말로 한국이 선진

● P. E, and E R. "Basic Research and the Innovation Frontier." https://www.manhattan-institute.org/html/basic-research-and-innovation-frontier-decentralizing-federal-support-and-stimulating-market#.VYOuIk0w-UI

국에 비해 가장 뒤처진 분야다. 예를 들어 미국의 **HHMI**, 카블리 재단, 유럽의 웰컴트러스트 재단 등을 면밀히 관찰하고 제도를 마련할 필요가 있다.

3. 탈관료화: 한국 연구자들은 관료들의 갑질에 질려 있다. 문재인 정부의 인문학적 마인드가 가장 잘 해결할 수 있는 것이, 바로 과학기술인에 대한 관료들의 갑질을 최소화하고 행정 편의를 도모하는 것이다.

4. 기초 연구비의 유지: 경제 위기가 닥칠 때 어느 정도의 기초 연구비가 삭감되는 것을 막을 수는 없을 것이다. 하지만 기초 연구자들이 자신의 직업이 안정적이지 않다는 신호를 느낄 만큼 급작스러운 변동이 있어서는 안 된다. 사회보장 정책처럼, 기초과학 분야의 일자리가 많지는 않더라도 안정적일 수 있게 만드는 정책이 필요하다.

결론을 대신하여

한국 사회는 기초과학의 첫 단추가 잘못 끼워진 곳이다. 과학은 분명 기술 혹은 공학과 구별되는 영역을 가진 학문임에도 개발 독재 시대에 한국 사회에 이식된 과학은 과학기술이라는 이상한 이름을 부여받아 경제 발전에 이바지하는 학문으로 각인되었고, 그 과학기술의 설계도를 그리는 일은 과학을 전혀 모르는 정치인들에게 종속되었다. 기초라는 단어는 혁명과 별개의 말처럼 들린다. 그렇지 않다. 한강의 기적 이후, 한국의 혁명은 탄핵을 위한 촛불혁명 이외엔 없었다. 한국에서 혁명이 자취를 감춘 이유는, 기초를 마련하려는 시도를 계속 지연하며 '없어도 되겠지'라는 권태에 빠졌기 때문이다. 하지만 지금이라도 시작해야 한다. 그 과정은 험난하고 여러 이익 단체의 충돌을 불러일으킬 것이다. 하지만 가야만 한다. 기초가 없었기에 혁명이 지체되고 있다는 징후가 여기저기서 등장하고 있기 때문이다. 삼성은 애플에 곧 밀릴 것이고, 아마존은 한국 온라인 마켓을 장악할지 모르며, 전기차 시장은 테슬라의 독주 아래 한국 자동차 시장을 잠식할지 모른다. 조선업에서 한국은 이미 혁신의 모멘텀을 놓치고 말았고, 그런 일은 계속 일어날 것이다. 그 조급함을 4차 산업혁명이라는 슬로건으로 가리려 해선 안 된다. 늦게 천천히 한 걸음씩 가더라도, 국가 연구개발의 일부를 떼어 기초과학이라는 보험에 투자하지 않으면, 수십 년 후 한국의 미래를 장담할 수 없다. 중소벤처기업부를 세운 이유가 그것이라고 믿는다. 대기업 중심으로 만들어온 한국 경제 신화의 종말이 다가오고 있다. 무엇이 그 종말을 역전시킬 수 있을지 아무도 알지 못한다. 하지만 실험을 해볼 여지가 아직 남아 있다. 그것이 기초라는 혁명의 실험이다.

이미 위에서 길게 설명했지만, 나는 해방정국에서도 과학자로 굳건하게 살아갔던 이태규의 신념으로 이 글을 마무리하고자 한다. 2017년 초한 창조과학자가 한 국가의 장관이 될 뻔한 적이 있다. 간신히 장관 후보자의 자진 사퇴로 일단락되었지만 기초가 부실한 국가의 정치인, 관료들이 어디까지 반혁명적인 사고를 할 수 있는지 목도하는 경험이 되었

다. 혁명은 기초 후에야 온다. 기초가 혁명이다.

　평소 생활 신념이 있다면 '예민하게 관찰하고 끊임없이 노력하라.'는 것이죠. 이러한 삶의 태도는 비단 과학 하는 사람한테만 해당되는 것은 아닙니다. 개인의 생활 속에서나 사회 집단의 변천 속에서 또 국가 발전 과정에서도 두루 해당되는 발전원리가 될 수 있는 거예요. 무슨 사태가 발생하면 얼렁뚱땅 얼버무릴게 아니라 그같은 사태가 왜 발생했는가 예민하게 관찰해보고 문제 해결을 위해 노력해야만 사회도 국가도 점차 발전해나갈 수 있는 겁니다. 예민한 관찰은 그래서 필요한 거예요.●

●　이태규, 〈과학과 평화를 위한 대담: 과학-복지와 파멸의 두 얼굴〉,
　《통일한국》 7(1984), 44~55쪽.

김우재

어린 시절부터 꿀벌, 개미 등에 관심이 많았다. 생물학과에 진학해 사회성 곤충 연구는 한국이 지원하지 않는 기초과학이라는 사실을 깨닫고, 바이러스학을 전공해 박사학위를 받았다. 이후 박사후연구원으로 미국에서 초파리의 행동·유전학을 연구하기 시작했다. 초파리 행동·유전학의 창시자인 시모어 벤저의 제자, 유닝 잔Yuh Nung Jan에게 사사했으며, 초파리 수컷의 교미시간이 환경에 따라 어떻게 변하는지, 그리고 그 의사결정을 조절하는 신경회로와, 그 행동의 진화적 의미 또한 교미시간의 결정이 인간의 시간인지와 어떤 관련이 있는지를 연구하고 있다.

본업인 행동·유전학 연구에 매진하고 싶으나, 가끔 한국사회의 과학이 부패한 권력과 영혼 없는 관료사회에 유린당할 때, 혹은 한국사회의 과학이 박정희식의 경제발전 패러다임을 벗어나 건강하게 자리잡는 데 도움이 되는 일이 있을 때 글을 써 의견을 낸다. 한겨레 〈야! 한국사회〉에 3년이 넘게 겨우 1700여 자의 글로 매달 과학자가 바라보는 한국사회에 대한 칼럼을 쓰고 있고, 과학자로 연구해온 주제들에 대한 책을 쓰고 있다. 과학자가 비뚤어진 사회에 대해 비판하고 독설을 퍼붓고 대통령을 욕해야 하는 세상이 얼른 끝나고, 과학자가 초파리의 교미행동만 연구하면서 행복하게 살 수 있는 세상이 오기를 바란다. 4차산업혁명을 싫어한다.

참고 문헌

1장 4차 산업혁명, 실체는 무엇인가?

World Economic Forum / UBS, "Extreme automation and connectivity: The global, regional, and investment implications of the Fourth Industrial Revolution"(White Paper, 2016).

강인규, 〈신앙이 된 '4차 산업혁명', 여러분 믿습니까?〉,《오마이뉴스》(2017년 1월 31일).

김인숙·남유선,《4차 산업혁명, 새로운 미래의 물결》(호이테북스, 2017년).

송성수, 〈역사에서 배우는 산업혁명론: 제4차 산업혁명과 관련하여〉,《STEPI Insight》, vol. 207(2017년 2월 1일).

시민케이, 〈4차 산업혁명은 없다〉, https://brunch.co.kr/@playfulheart/58(2017년 3월 9일).

〈우리 사회에서 4차 산업혁명의 의미는?〉,《한국경제》(2017년 6월 24일).

이준웅, 〈4차 산업혁명 구호는 버려야〉,《경향신문》(2017년 5월 7일).

홍성욱, 〈4차 산업혁명론에 대한 비판〉, 한림원 원탁토론회(2017년 8월 22일).

KAIST 과학기술정책대학원·한국과학기자협회·바른과학기술사회실현을위한국민연합·출연연발전협의회총연합회·과학기술특성화대학 총학생회 등 20개 과학기술 단체 공동 개최 〈대선캠프와의 과학정책대화〉 자료집(2017년 4월 25일).

2장 왜 '4차 산업혁명론'이 문제인가?

"A Critical Look at Industry 4.0" AllAboutLean.com(2015. 12. 29). http://www.allaboutlean.com/industry-4-0/

Alexander J. Field, "The Most Technologically Progressive Decade of the Century," *American Economic Review* 93(2003).

B. Bensaude Vincent, "The politics of buzzwords at the interface, of technoscience, market and society: The case of 'public engagement in science'," *Public Understanding of Science* 23(2014).

C. Knick Harley, "British Industrialisation before 1841: Evidence of Slower Growth during the Industrial Revolution," *Journal of Economic History* 42(1982).

Daniel Bell, *The Coming of Post-Industrial Society*(New York: Harper Colophon Books, 1974) 다니엘 벨, 《탈산업사회의 도래》(박형신·김원동 역, 아카넷, 2006).

David Edgerton, "Innovation, Technology, or History: What Is the Historiography of Technology About," *Technology and Culture* 51(2010).

Elizabeth Garbee, "This Is Not the Fourth Industrial Revolution," *Slate*(29 Jan. 12026). http://www.slate.com/articles/technology/future_tense/2016/01/the_world_economic_forum_is_wrong_this_isn_t_the_fourth_industrial_revolution.html.

"Global Competitiveness Index, 2016-2017" http://www3.weforum.org/docs/GCR2016-2017/05FullReport/TheGlobalCompetitivenessReport2016-2017_FINAL.pdf

"Global Information Technology Report 2016" http://reports.weforum.org/global-information-technology-report-2016/

Harold Perkin, *The Origin of Modern English Society*, 1780-1880(London: Routledge and Kegan Paul, 1969).

Harry Elmer Barnes, *Historical Sociology: Its Origins and Development: Theories of Social Evolution from Cave Life to Atomic Bombing*(New York, 1948).

Jonathan Huebner, "A Possible Declining Trend for Worldwide Innovation," *Technological Forecasting & Social Change* 72(2005).

N. F. R. Crafts and Knick Harley, "Output Growth and the British Industrial Revolution: A Restatement of the Crafts-Harley View," *Economic History Review* 45(1992).

N. F. R. Crafts, "British Economic Growth during the Industrial Revolution(Oxford, 1985).

Paul A. David, "The dynamo and the computer: An historical perspective on the modern productivity paradox," *American Economic Review* 80(1990), pp. 355-361.

Robert Gordon, *The Rise and Fall of American Growth: The U.S. Standard of Living since the Civil War* (Princeton, 2016).

W. W. Rostow, "Is There Need for Economic Leadership?: Japanese or U.S.?" *American Economic Review* 75(1985).

W. W. Rostow, "The World Economy Since 1945: A Stylized Historical Analysis," *Economic History Review* 38 (1985).

맹미선, 〈'알파고 쇼크'와 인공지능 기술 사회의 변화〉(한국과학기술학회 발표문, 2017. 5. 27. 부산, 부산대학교).

〈미래부, 제4차 산업혁명 본격 준비 -'지능정보사회 민관합동 추진협의회'발족 - 사회경제 구조 변화를 전망하고, 최적의 대응방안을 모색〉(미래부 보도자료. 2016년 5월 16일).

박영태, 〈5년내 지능정보사회 온다〉,《한국경제》(2015년 9월 4일).

배용진, 〈관이 낳은 버블 - 한국에만 있는 4차 산업혁명〉,《주간조선》(2017년 6월 18일).

서희, 〈황창규 회장 "ICT로 4차 산업혁명 이끌겠다"〉,《한국일보》(2015년 9월 23일).

송성수, 〈역사에서 배우는 산업혁명론: 제 4차 산업혁명과 관련하여〉,《STEPI Insight》vol. 207(2017년 2월 1일).

신화수, 〈창조경제 출발은 제도 업그레이드부터〉,《전자신문》(2013년 12월 16일); 〈물신物神, 사물 인터넷〉,《경북일보》(2014년 1월 28일).

윤현기, 〈새 정부 조직개편 완료…중소기업벤처부 · 과기정보통신부 출범〉,《데이터넷》(2017년 7월 26일).

윤희훈, 〈황창규 KT 회장 "한국경제, 4차 산업혁명에서 기회 찾아야"〉,《조선일보》(2016년 2월 18일).

이덕현, 〈굿바이 정통부(하)〉,《전자신문》(2014년 11월 6일).

장석범, 〈미래 전문가 75% "5년안에 '4차 산업혁명' 시대 본격화"〉,《문화일보》(2016년 10월 4일).

〈즉흥적이고 무모한 정부의 지능정보산업 발전계획〉,《경향신문》(2016년 3월 8일).

《제4차 산업혁명에 대응한 지능정보사회 중장기 종합대책》(2016년 12월 27일. 관계부처 합동).

클라우스 슈밥,《클라우스 슈밥의 제4차 산업혁명》(송경진 역, 새로운현재, 2016).

태원준, 〈4차 산업혁명 "인류에 혜택" 82%, "내게는 위협" 76%…한국인 인식조사〉,《국민일보》(2017년 5월 5일).

홍성욱, 〈기술결정론과 그 비판자들-기술과 사회변화의 관계를 통해 본 20세기 기술사 서술 방법론의 변화〉,《서양사연구》(제49집, 2013).

3장 오래된 깃발에는 무엇이 적혀 있었나

John P. DiMoia, "Atoms for Sale? Cold War Institution-Building and the South Korean Atomic Energy Project, 1945-1965," *Technology and Culture* 51(2010).

Jung Lee, "Invention without Science: 'Korean Edisons' and the Changing Understanding of Technology in Colonial Korea," *Technology and Culture* 54(2013).

과학기술처, 〈전 국민 과학화운동을 위한 정부 시책〉,《과학과 교육》(1979년 5월).

기능'올림피크' 한국위원회 발족〉,《경향신문》(1966년 1월 31일).

김근배, 〈월북과학자와 흥남공업대학의 설립〉,《아세아연구》(40호, 1997).

김성준,《한국 원자력 기술 체제 형성과 변화》(서울대학교 대학원 박사학위논문, 2012).

김성준,《한국 원자력 기술 체제 형성과 변화》(서울대학교 대학원 박사학위논문, 2012).

김태호, 〈'과학영농'의 깃발 아래서: 박정희 시대 농촌에서 과학의 의미〉,《역사비평》(119호, 2017).

김태호, 〈갈채와 망각, 그 뒤란의 '산업 전사'들: '국제기능경기대회'와 1970 80년대의 기능인력〉,《역사문제연구》(36호, 2016).

대통령비서실, 〈우리농촌은 어떻게 달라지고 있는가?〉(국가기록원 대통령기록물, 철번호 EA0005620, 건번호 0001, 1974).

문만용, 〈KIST에서 대덕연구단지까지: 박정희 시대 정부출연연구소의 탄생과 재생산〉,《역사비평》(85호, 2008).

박성래,《인물 과학사 1: 한국의 과학자들》(책과함께, 2011).

박정희,《국가와 혁명과 나》(향문사, 1963).

〈방공과 비타민의 관계〉,《매일신보》(1944년 3월 4일).

원자력청,《원자력청 10년사》(원자력청, 1969); 한국원자력연구소,《한국 원자력 20년사》(한국원자력연구소, 1979).

이영미, 〈1970년대 과학기술의 '문화적 동원': 새마을기술봉사단 사업의 전개와 성격〉(서울대학교 대학원 석사학위논문, 2009).

임종태, 〈김용관의 발명학회와 1930년대 과학운동〉,《한국과학사학회지》(17호, 1995).

〈학자 배출: 학계의 성사〉,《동아일보》(1931년 7월 21일).

한국원자력연구소,《한국원자력연구소 삼십년사》(한국원자력연구소, 1990).

홍성욱, 〈과학과 도제 사이에서: 19세기 영국의 공학교육 – 전기공학에서의 실험실 교육을 중심으로〉,《한국과학사학회지》(27호, 2005).

홍성주, 〈해방 초 한국 과학기술정책의 형성과 전개〉,《한국과학사학회지》(32호, 2010).

4장 부가가치, 초연결성, 사회 혁신

Bookchin, Murray, *Post-Scarcity Anarchism*(Oakland, California: AK Press, 2004).

Brynjolfsson, Erik and Andrew McAfee, *The Second Machine Age: Work, Progress, and Prosperity in a Time of Brilliant Technologies*(New York: W. W. Norton and Company, 2016).

Cassirer, Ernest, *The Philosophy of Symbolic Forms* in 4 volumes(Ithaca: Yale University Press, 1955).

Chandler, Alfred, *The Visible Hand: The Managerial Revolution in American Business*

(Cambridge Mass.: Belknap Press, 1977).

Cohen, Daniel, *Three Lectures on Post-industrial Society* (Cambridge Mass.: MIT Press, 2009).

Drucker, Peter, *The Age of Discontinuity: Guidelines to Our Changing Society*(New York: Harper and Row, 1969).

Galbraith, John K., *The Affluent Society*(New York: Houghton Mifflin Harcourt, 1998).

Kline, Morris, *Mathemathical Thought from Ancient to Modern Times*, in 3 volumes(Oxford: Oxford University Press, 1972).

Landes, David, The Unbound Prometheus: Technological Change and Industrial Development in Western Europe from 1750 to the Present(Cambridge: Cambridge University Press, 2003).

Mazzucato, Mariana, The Entrepreneurial State: Debunking Public vs. Private Sector Myths(London: Anthem Press, 2013).

Negroponte, Nicholas, *Being Digital*(New York: Vintage Books, 1995).

Nelson, Richard, "Physical and Social Technologies and Their Evolustions", LEM Working Paper Series(2003).

Perez, Carlota, *Technological Revolutions and Financial Captial*(Cheltenham: Edward Elgar, 2003).

Plihon, Dominique, *Le nouveau capitalisme* 3rd ed(Paris: La Découverte, 2009).

Schumpeter, Joseph, *The Theory of Econonomic Development: An Inquiry into Profits, Capital, Credit, Interest, and the Business Cycle*(New York: Routledge, 2017).

Sombart, Werner, *Der moderne Kapitalismus:Historish-systematische Darstellung des gesameurpäischen Wirtshcaftslebens von seinen Anfängen bis zur Gegenwart*, 3 volumes(Muenchen and Leipzig, 1916-1927).

Veblen, Throstein, *The Theory of the Business Enterprise*(New Brunswick, New Jersey: Transaction Books, 1904).

홍기빈, 〈사회 연결권 선언: 4차 산업혁명 시대의 새로운 사회권〉, 《4차 산업혁명 시대 서울시의 혁신과제》, 글로벌정치경제연구소(서울시 용역과제, 2016).

소스타인 베블런, 《자본의 본성 외》(홍기빈 역, 서울: 책세상, 2009).

5장 기초과학은 어떻게 신산업이 되는가?

Allya Fatehullah, Sui Hui Tan and Nick Barker, "Organoids as an in vitro model of human development and disease", *Nature Cell Biology* 18(2016).

David A. Jackson, Robert H. Symons and Paul Berg "Biochemical method for inserting new genetic information into DNA of Simian Virus 40: Circular SV40 DNA molecules containing lambda phage genes and the Galactose Operon of Escherichia coli" *Proc. Natl. Acad. Sci.* 69(1972).

Dogab Yi. "The Recombinant University: Genetic Engineering and the Emergence of Stanford Biotechnology"(Chicago: The University of Chicago Press, 2015).

Evan A. Boyle, Yang. I. Li and Jonathan K. Pritchard, "Expanded View of Complex Traits:From Polygenic to Omnigenic". *Cell*, 169(2017).

Florian T Merkle, et al., "Human pluripotent stem cells recurrently acquire and expand dominant negative P53 mutations" *Nature* 535(2017).

Francis S. Collins, Michael Morgan and Aristides Patrino, "The Human Genome Project: Lessons from Large-Scale Biology", *Science* 300(2003).

H, M. Temin, S. Mizutani, "RNA-dependent DNA polymerase in virions of Rous sarcoma virus", *Nature* 226(1970). pp. 1211-1213,; David Baltimore, "RNA-dependent DNA polymerase in virions of RNA tumour viruses", *Nature* 226(1970).

Hong. Ma et al., "Correction of a pathogenic gene mutation in human embryos", *Nature*, 548(2017).

J. A. Thomson et al., "Embryonic Stem Cell Lines Derived from Human Blastocysts", *Science* 282(1998).

J. Rogers and R. A. Gibbs, "Comparative primate genomics : emerging patterns of genome content and dynamics" *Nature Rev. Genet.* 15(2014).

J.T. Patterson, *The Dread Disease:Cancer and Modern American Culture*(Cambridge: Harvard University Press, 1989).

Kazutoshi Takahash and Shinya Yamanaka, S., "Induction of Pluripotent Stem Cells from Mouse Embryonic and Adult Fibroblast Cultures by Defined Factors", *Cell* 126(2006).

Kitai Kim et al., "Recombination Signatures Distinguish Embryonic Stem Cells Derived by Parthenogenesis and Somatic Cell Nuclear Transfer", *Cell Stem Cell* 1(2007).

Martin J. Evans and M. H. Kaufman M., "Establishment in culture of pluripotent cells from mouse embryos", *Nature* 292(1981).

Nicholas J. Robert et al., "The Predictive Capacity of Personal Genome Sequencing", *Science Translational Medicine*(2012).

"Race for the $1000 genome is on", New Scientist,(2002. 10. 12) https://www.
newscientist.com/article/dn2900-race-for-the-1000-genome-is-on

Robert A. Weinberg "Coming Full Circle-From Endless Complexity to Simplicty and
Back Again" *Cell* 157(2014).

Siddhartha Mukherjee, *The Emperor of all Maladies: A Biography of Cancer*(New York:
Scribner, 2011).

Stanley N. Cohen, Annie C.Y. Chang, Herbert W. Boyer and Robert B. Helling,
"Construction of Biologically Functional Bacterial Plasmids In Vitro" *Proc. Natl. Acad.
Sci.* 70(1973).

"The Stem-Cell Revolution Is Comming - Slowly" *New York Times*(Jan 16 2017). https://
www.ncbi.nlm.nih.gov/pubmed/17170255

Vannevar Bush, Science, the Endless Frontier, *A Report to the President*(1945). https://
www.nsf.gov/od/lpa/nsf50/vbush1945.htm

Woo-Suk Hwang et al. "Evidence of a pluripotent human embryonic stem cell line
derived from a cloned blastocyst", Science 303(2004), pp. 1669-1774; Woo-Suk
Hwang et al. "Patient-specific embryonic stem cells derived from human SCNT
blastocysts". *Science* 308(2005).

〈마법의 탄환 '단일클론항체' 이론 · 생산 체계화〉,《동아일보》(1984년 10월 16일).

〈생명공학정책연구센터, 〈바이오 산업현황 및 바이오기술사업화 동향〉 http://www.bioin.
or.kr/board.do?num=256748&cmd=view&bid=watch&cPage=1&cate1=all&cate2=a
ll2

신향숙, 〈1980년대 유전공학육성법의 출현: 과학정치가와 다양한 행위자들의 피드백〉,《한국과
학사학회지》31(2009).

6장 정부 주도 과학기술 동원 체계의 수립과 진화

Dong-Won Kim and Stuart W. Leslie, "Winning Markets or Winning Nobel Prizes?
Kaist and the Challenges of Late Industrialization," *Osiris* 13(1998).

Michael Polanyi, "The Republic of Science: Its Political and Economic Theory," *Minerva*
1(1962).

Sungook Hong, "Rethinking the Debate over a 'National Science' in Korea: Reflection
on the Interactions between STS and the History of Science and Technology"
International Conference on "Linking STS and the Social Sciences: Transforming 'the

Social'?" Seoul National University (29 October 2011).

Young-Mi Lee and Sungook Hong. "Technoscience and Politics in Korea in the 1970s: 'Scientification of All People Movement' and the 'Saemaul Technical Service Corps'", *Historia Scientiarum* 21.

〈각단체서 10 17 선언지지〉,《매일경제》(1972년 10월 20일).

강기천, 〈한국과학재단의 설립과 대학의 기초연구, 1962-1989〉(서울대학교 대학원 과학사 및 과학 철학 전공 석사학위논문, 2014).

강미화, 〈최형섭의 과학기술정책론: '개발도상국의 과학기술개발 전략' 분석〉,《한국과학사학회지》(제28권 제2호, 2006).

〈과기단체련, 과학유신 방안건의 '새마을 기술봉사단 활용'〉,《경향신문》(1973년 1월 15일).

〈과기단체련서도〉,《경향신문》(1972년 11월 11일).

〈과학기술 자립화에 분투, 김총리 치사〉,《동아일보》(1973년 4월 21일).

〈과학진흥 5개년계획 수립〉,《매일경제》(1966년 3월 24일).

김동광 · 홍윤기, 〈우리나라 과학상을 통해서 본 보상체계의 특성〉,《과학기술학연구》(7호, 2007).

문만용,《한국 과학기술 연구체제의 진화》(2017).

박정희, 〈1973년도 연두기자회견〉,《박정희 대통령 연설문집》(제10집, 대통령비서실, 1973).

〈산업기술 전략적 개발 주력〉,《매일 경제》(1977년 4월 21일).

송성수, 〈'전全 국민의 과학화운동'의 출현과 쇠퇴〉,《한국과학사학회지》(30권 1호, 2008).

송성수, 〈한국의 과학기술종합계획에 관한 내용분석: 5개년계획을 중심으로〉,《과학기술학연구》(7권 1호, 2007).

유상운, 〈무기개발로서의 국가연구개발? 특정연구개발사업의 기원과 그 성격〉,《한국과학기술학회 전기학술대회 발표자료집》(2016년 5월 27-28일, 강릉원주대).

이응선, 〈행정 연구 풍토 조성에 온 심혈〉,《동아일보》(1971년 1월 8일).

〈인터뷰 - 국가과학기술 자문회의 박익수 위원장〉,《한겨레》(1998년 5월 11일).

〈창조시대 맞은 우리 과학기술 - 인터뷰 최형섭 전과기처장관〉,《동아일보》(1978년 12월 26일).

〈총력안보로 힘찬 전진〉,《경향신문》(1972년 1월 1일).

〈80년 연수출 100억불 달성〉,《매일경제》(1972년 11월 7일).

홍성주, 〈대통령의 리더십과 과학기술의 진흥〉,《과학기술정책》(통권 189호, 2012년 12월).

7장 '기초'라는 혁명

Kitazawa, Koichi, and Yongdi Zhou. "The PhD Factory." *Nature* 472(2011).

Marc A. Kastner. "The Future Postponed."(2015).

P, E, and E R. "Basic Research and the Innovation Frontier." https://www.manhattan-institute.org/html/basic-research-and-innovation-frontier-decentralizing-federal-support-and-stimulating-market#.VYOuIk0w-Ul

Vannevar Bush, *Science, the Endless Frontier*, A Report to the President(1945).

〈기초과학 발전에 있어 사회 공익재단의 기여〉(한국과학기술단체총연합회, 2012).

김근배, 〈과학기술입국의 해부도〉,《역사비평》85(2008).

김근배, 〈식민지시기 과학기술자의 성장과 제약: 인도, 중국, 일본과 비교해서〉,《한국근현대사연구》8(1998).

김우재, 〈노벨상과 경제발전, 그리고 박정희의 유산〉, 새로운사회를여는연구원(2010년 4월 26일).

김우재, 〈연어가 강물을 거슬러 오르지 않을 때〉, 새로운사회를여는연구원(2010년 7월 9일).

김우재, 〈영원한 중인계급〉, 새로운사회를여는연구원(2010년 8월 13일).

김태호, 〈'과학협주곡' 국박의 짧은 역사, 어떻게 직시할 것인가?〉, 브릭 BIO통신원(2017년 4월 18일)

김태호, 〈구석구석 과학사 (8) 석학 이태규, 우장춘, 리승기 '세 갈래의 인생'〉,《주간경향》(2017년 6월 5일).

세종대학교 기술혁신연구소, 〈주요국의 기초과학정책〉(한국과학재단, 2002).

염한웅, 〈기초과학 지식은 더 이상 공짜가 아니다〉,《한국경제》(2017년 3월 13일).

이상민·이상수, 〈국내 민간 공익재단 기초연구〉(아름다운재단, 2012).

이태규, 〈과학과 평화를 위한 대담: 과학-복지와 파멸의 두 얼굴〉,《통일한국》7(1984).

이태규, 송상용, 〈회고와 전망: 교수와의 대담: 공업화와 순수과학〉,《한국과학사학회지》36(2014).

임종태, 〈김용관의 발명학회와 1930년대 과학운동〉,《한국과학사학회지》17(1995).

호원경, 〈국가 R&D의 내용 분석을 통해서 본 기초연구 위기의 실태와 개선 방향〉, 브릭(2016년 8월 5일).

홍성주, 〈공업화 전략과 과학기술의 결합〉,《과학기술정책》188(2012).

홍성주, 〈대통령의 리더십과 과학기술의 진흥〉,《과학기술정책》189(2012).

홍성주, 〈독립국가의 과학기술 건설 노력(해방~미군정기)〉,《과학기술정책》186(2012).

홍성주, 〈전쟁과 전후 복구, 과학기술의 재건(1950년대)〉,《과학기술정책》187(2012), 148-156쪽.

찾아보기

4차 산업혁명이라는 유령

기획 | 홍성욱
지은이 | 김소영, 김우재, 김태호, 남궁석, 홍기빈, 홍성욱

1판 1쇄 발행일 2017년 12월 22일
1판 2쇄 발행일 2018년 12월 12일

발행인 | 김학원
편집주간 | 김민기 황서현
기획 | 문성환 박상경 임은선 김보희 최윤영 전두현 최인영 정민애 이문경 임재희 이효온
디자인 | 김태형 유주현 구현석 박인규 한예슬
마케팅 | 김창규 김한밀 윤민영 김규빈 송희진
저자·독자 서비스 | 조다영 윤경희 이현주 이령은(humanist@humanistbooks.com)
용지 | 화인페이퍼
인쇄 | 청아문화사
제본 | 정민문화사

발행처 | (주) 휴머니스트 출판그룹
출판등록 | 제313-2007-000007호(2007년 1월 5일)
주소 | (03991) 서울시 마포구 동교로23길 76(연남동)
전화 | 02-335-4422 팩스 | 02-334-3427
홈페이지 | www.humanistbooks.com

ⓒ 홍성욱 외, 2017
ISBN 979-11-6080-101-9 03300

· 이 도서의 국립중앙도서관 출판시도서목록(CIP)은 e-CIP홈페이지(http://www/nl.go.kr/ecip)와
  국가자료공동목록시스템(http://www.nl.go.kr/kolisnet)에서 이용하실 수 있습니다.
  (CIP제어번호: CIP2017033809)

만든 사람들
편집주간 | 황서현
기획 | 임은선(yes2001@humanistbooks.com), 임재희
편집 | 정일웅
디자인 | 민혜원